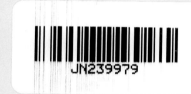

知識ゼロからの

SNS・ネットトラブル対策

弁護士が教える
炎上解決法

清水陽平 弁護士

幻冬舎

はじめに

ＳＮＳ・ネットトラブルは防げないからこそ備えることが大切

ＳＮＳやインターネットは、私たちの日常生活のみならず、ビジネス活動においても欠かせない存在となりました。

企業が情報を発信し、顧客とコミュニケーションを取るための重要な手段として、Ｘ（旧Ｔｗｉｔｔｅｒ）やＩｎｓｔａｇｒａｍ、ＴｉｋＴｏｋ、ＹｏｕＴｕｂｅ、Ｆａｃｅｂｏｏｋなどのプラットフォームは、世界中で活用されています。

日本では、およそ1億５８０万人がＳＮＳを利用しており、*いまや娯楽だけではなくインフラとして、あらゆる場面で重要な役割を担っています。

しかし、気軽に利用できる利便性の反面、何気ない行為が、たとえ悪意はなく行ったものでも、大きな悪影響をおよぼすことがあります。

＊総務省『令和５年版　情報通信白書』

その行為や影響によっては、企業が社会的な信用を失うだけでなく、法的な責任を負うこともあります。

また、トラブルの増加やその影響力の強さから、企業の法的リスクも大きくなっています。

そして、そのリスクは企業が自らの発信に気を配っていれば、防ぐことができるというものでもなくなっています。

たとえば、「アルバイトが店の信頼を害する不適切な投稿をする」「顧客が店内で悪ふざけをする動画を投稿する」「商品やサービスに対して不満を持った顧客がそのことをＳＮＳに投稿する」「会社役員が講演で話した内容を聴衆がＳＮＳに投稿する」「従業員が上司のことをハラスメントだと告発する」といったように、第三者からの発信により、トラブルのリスクにさらされることも日常的に起こっています。

このような問題が発生すると、企業は評判を落とすことになります。売上や業務に大きな影響があるだけでなく、場合によっては法的な紛争に発展することもあります。

はじめに

トラブルを防ぐために、第三者による行動をコントロールすることは困難です。しかし、リスクを一定程度下げるために、企業が自らできることはあります。

そこで本書には、こうした現代のビジネスにおけるＳＮＳの活用に関連する法律上の問題やリスクに対処するため、日常業務のなかで気をつけるべきポイントや、どういった対策を取っておけばよいかを記載しました。法律の専門知識がない方でも理解できるように、具体的な事例をもとに整理・解説しています。

本書が、ＳＮＳやインターネットを活用する上での道標《みちしるべ》になればと考えています。

法律事務所アルシエン　弁護士　**清水陽平**

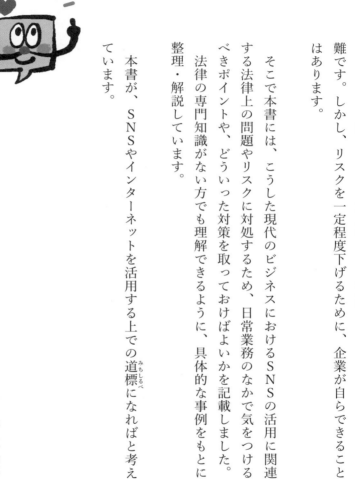

知っておきたい!

SNS・ネットの基礎知識①

炎上するしくみを知ろう

テレビなどのマスメディアで報道された情報がネットで話題になり炎上するパターンもありますが、近年は、ほとんどがSNSの投稿をきっかけに起こります。

1 SNS・ネットに投稿される

間違った
情報の発信
不適切な
広告
顧客の迷惑
行為
従業員の
問題発言
バイトテロ
サービスへの
不満
母の味が一番
アイス

SNSやネットに投稿された何かが炎上のもとになる。炎上すると思わずに投稿したものが、原因になることがほとんど。

2 拡散される

投稿が拡散されて、多くの人に注目されるようになる。注目を集めるようになると、閲覧数に応じて収入を得ることができるまとめサイトなどがつくられ、さらに拡散される。

まとめサイト

テーマや出来事について、原因や経緯などをまとめるサイト。いろいろなプラットフォームの情報をまとめており、情報が拡散しやすい。

ネット掲示板

「5ちゃんねる」や「Yahoo!知恵袋」などユーザーがコメントなどを書き込んで交流するサイト。テーマごとに交流し、激しい議論になりやすい。

暴露系インフルエンサー

炎上や事件の原因や経緯、当事者がリークした情報を暴露するインフルエンサー。彼らがX(旧Twitter)やYouTubeで取り上げると、拡散力が高い。

3 炎上する

多くの人が批判や感想を発信して炎上する。テレビなどのマスメディアが取り上げることも。集中的な批判や不買運動などによって、責任者の辞職や広告・商品の撤回を求める「キャンセルカルチャー」が起こることが多い。

4 ネタがなくなれば少しずつ収束

批判や議論するネタがなくなれば収束していく。早いと数日、遅くても1か月ほどでおさまることが多い。

＼ 知っておきたい! ／

SNS・ネットの基礎知識②

ネットの特徴が炎上につながっている

情報過多な現代において、各個人に有益な情報が届くよう技術が向上した結果、炎上が起きやすい状況になっています。

＼ 特徴❶ ／

思想・情報が偏りやすい

フィルターバブル

ネットの検索履歴が「フィルター（ろ過装置）」になり、「バブル（泡）」のなかにいるように、似たような情報ばかりが目に入ること。

SNS・ネットはユーザーの検索履歴に基づいて、趣味嗜好を分析し、似たような情報が表示されるシステムがある。そのため、情報が偏ったり、自分の意見が多数派だと思い込みやすくなったりする。異なる情報や意見に対して攻撃的になることも。

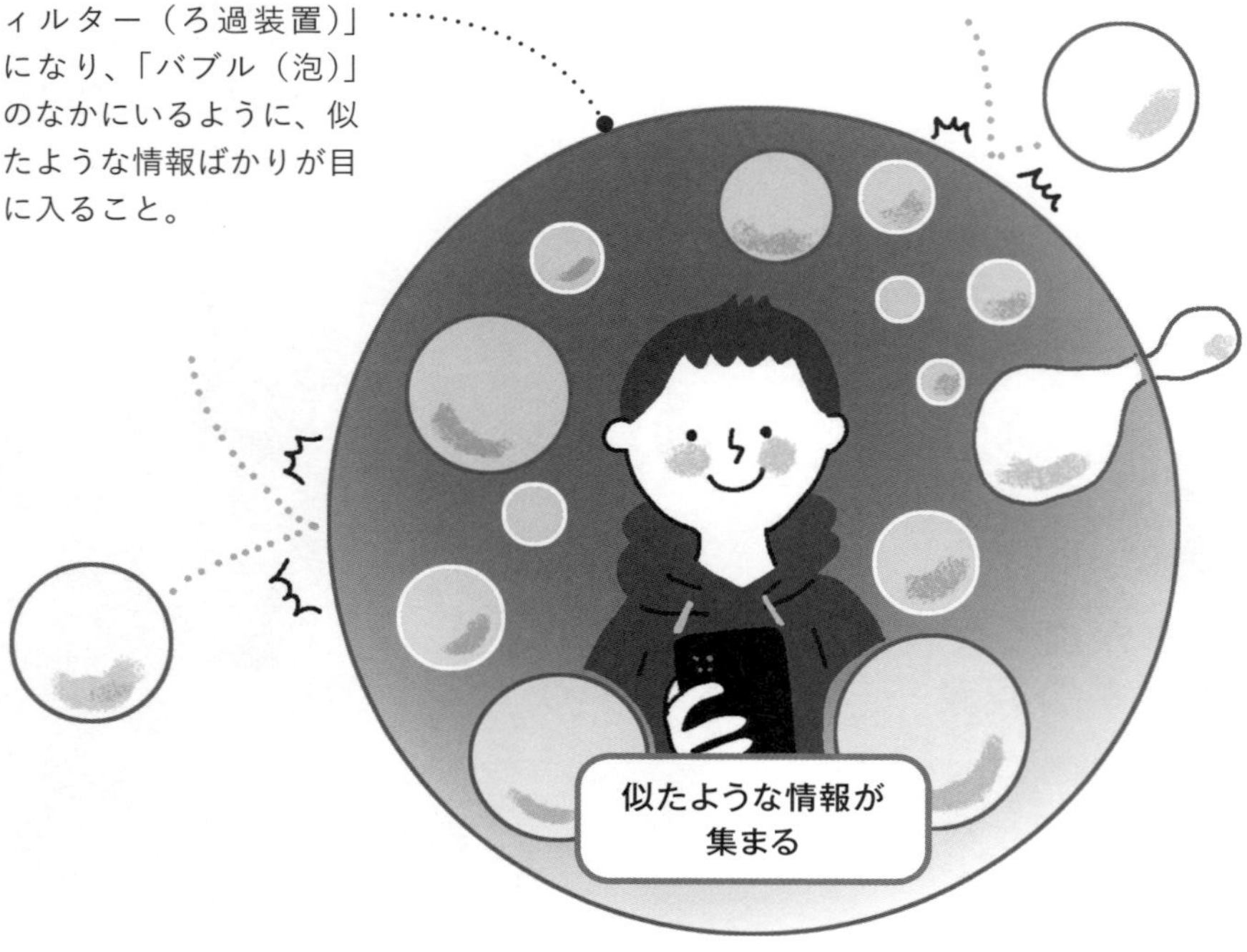

＼ 特徴❷ ／

拡散力が強い

SNSは、お気に入り登録や拡散機能によってねずみ算式に閲覧数が増えるため、情報が拡散するスピードが速い。また、まとめサイトなども話題の経緯などを把握しやすく拡散されやすい。同時期に同じ情報に触れるので、共通の話題として注目されやすい。

＼ 特徴❸ ／

匿名性が高い

本名でなくてもアカウントが作成できたり、会員登録しなくてもコメントが書き込めたりと、気軽に批判や意見を投稿しやすい。現実よりも過激な内容や言葉遣いになりやすい。

特定は可能

投稿した人が誰なのかは、裁判などを通じて特定することができる（⇒***P118***）。過去の投稿内容などからユーザーに特定されることもある。

\ 知っておきたい! /

SNS・ネットの基礎知識③

炎上には心理や感情が大きく関わっている

炎上は、事件や法律違反がなくても起こります。原因と同様に、批判する理由もさまざまで、感情的なものが大半です。

感情が原因で起こる

さまざまな感情がもとになって、批判されたり情報が拡散されたりして炎上する。特に、批判する人は、自分なりの正義感を持っている人が多い。どの場合も、優越感や承認欲求を満たす目的があると考えられる。

炎上の予防・対応の心得

1 100%防ぐ方法はない

あらゆることが原因になるので、炎上を完全に防ぐことは困難。しかし、予防できる場合もある。ルールをつくったり炎上例から学んだりして、火種を減らしていくことが大切。

予防のためにできること

- 炎上例を学ぶ（⇒P20〜）
- ルールづくり（⇒P38〜）
- 従業員の教育（⇒P54〜）
- ネットの監視（⇒P80〜）

2 炎上しても適切に対応できればOK

炎上後の対応によって、収束するまでの時間は異なる。たとえ炎上したとしても、適切に対応すれば、2〜3日でおさまることも。もしものときのために、対応の方法を知っておこう。

対応の種類

- 謝罪（⇒P90〜）
- 反論（⇒P90〜）
- 情報の削除（⇒P102〜）
- 責任追及（⇒P116〜）

目次

はじめに
SNS・ネットトラブルは防げないからこそ備えることが大切……1

知っておきたい!
SNS・ネットの基礎知識……4

第1章 企業のSNS・ネット利用にはどんなトラブルがある?

SNS・ネットのメリット
企業の広告やイメージアップにSNS・ネットは欠かせない!……16

SNS・ネットのデメリット
SNS、ネットでトラブルが起こると企業の存続に関わることも……18

トラブルから学ぶ①
企業への不満が投稿される告発型のトラブル……20

トラブルから学ぶ②
企業や従業員による〝不適切な言動〟がトラブルを招く……24

トラブルから学ぶ③
投稿内容が企業の情報漏えいだと批判される……30

トラブルから学ぶ④
企業は悪くなくても巻き込まれることがある……32

COLUMN 弁護士に頼まずに、トラブルの予防や事後の対応ができるんですか?……36

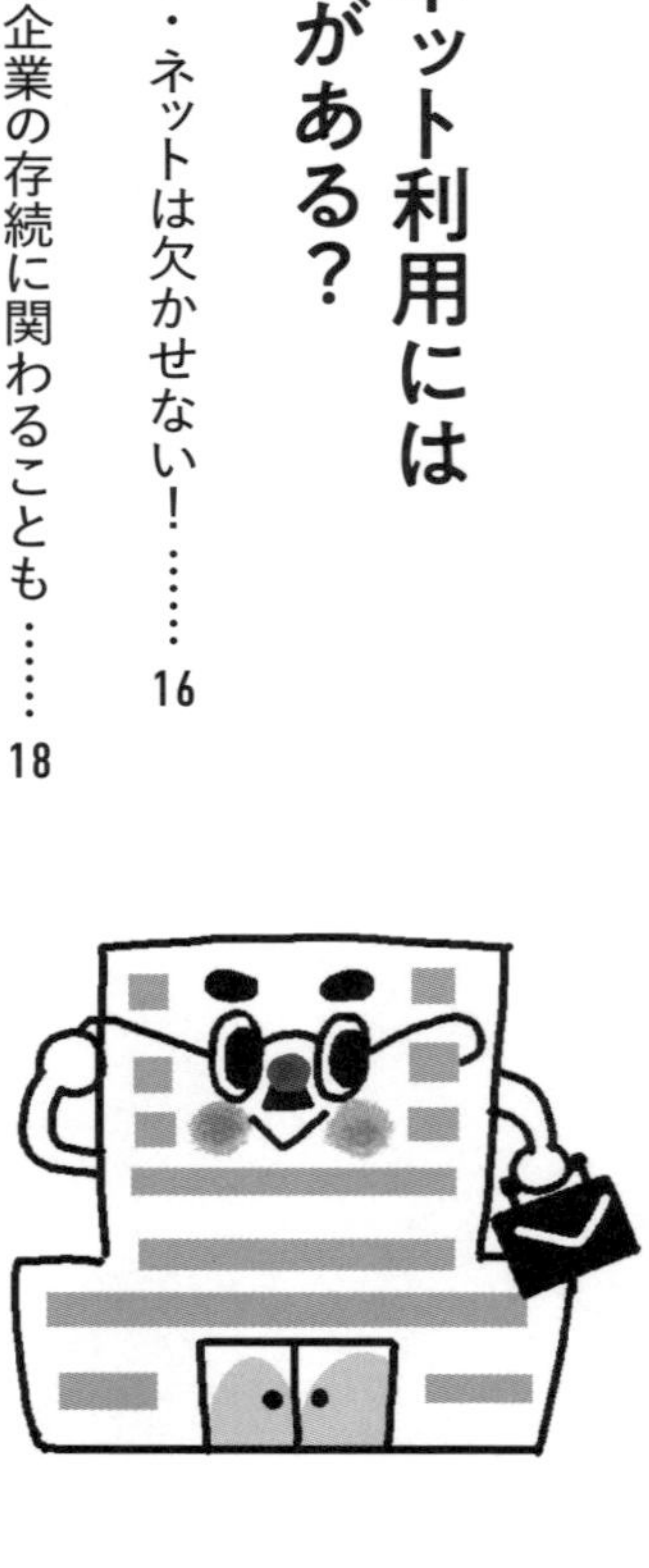

第2章

トラブル回避の第一歩 社内ルールをつくる・周知する

就業規則①
就業中の従業員によるトラブルを防ぐ……38

就業規則②
ＳＮＳ・ネットトラブルに特化した条文を追加しよう……42

就業規則③
もしものときのために罰則を定めておく……44

守秘義務契約①
従業員一人ひとりと契約を結んで企業の情報を守る……46

守秘義務契約②
契約時には必ず内容を口頭で説明しよう……48

公式ＳＮＳ運用ルール①
公式ＳＮＳの担当者に向けて運用のルールをつくる……50

公式ＳＮＳ運用ルール②
公式アカウント運用ポリシーをつくってホームページで公開しよう……52

ＳＮＳのプライベート利用①
ガイドラインと教育で従業員のネットリテラシーを高める……54

ＳＮＳのプライベート利用②
ＳＮＳを使うときのガイドラインをつくろう……56

就業規則・ルールの周知
就業規則やルールをつくったら従業員全員に知らせる……58

COLUMN 若い世代だけでなく、上層部などにもＳＮＳ・ネット教育は必要ですか？……60

第3章　トラブルを防ぐ　SNS・ネット発信のポイント

発信する内容のチェック
トラブルになりやすい内容を知っておこう……62

不適切な内容を避ける
発信する前にいろいろな人に意見をもらう……64

知的財産権を守る①
SNS・ネットに投稿するときは知的財産権を侵害しないようにする……66

知的財産権を守る②
イラストや写真は〝フリー画像〟でも著作権に注意……68

知的財産権を守る③
SNS上の文章や口コミにももちろん著作権がある……70

知的財産権を守る④
著作物を利用するときは必ず許諾をとる……72

ステマを防ぐ①
ステルスマーケティングを疑われないようにする……74

ステマを防ぐ②
ステマ規制のルールを正しく知ろう……76

火種を消す①
トラブルになりやすい内容への感度を高めよう……78

火種を消す②
ネットを常時監視するシステムを導入しよう……80

COLUMN　AIやChatGPTがつくったイラストや文章は自由に使えますか？……82

第4章 トラブルをおさめる適切な対応を知る

トラブル対応の手順
トラブルが起きたときの流れを知る……84

状況の把握と事実確認
トラブルの内容と状況をネットと現実で確認する……86

対応を考える①
トラブルへの対応が必要かどうか考える……88

対応を考える②
うまく対応するために戦略を練ろう……90

対応を考える③
適切に対応するための準備をしよう……92

うまく対応するコツ①
どんなトラブルでも対応中の態度に細心の注意を……94

うまく対応するコツ②
謝罪するときは逆ギレや言い訳をしない……96

うまく対応するコツ③
原因になった投稿・アカウントの処分を考える……98

うまく対応するコツ④
懲戒処分をするときは慎重に検討しよう……100

ネットの火を消す
ネット上の対策で炎上を少しでも消していく……102

情報の削除①
削除できるものとできないものがある……104

情報の削除②
専用フォームから削除を依頼する方法……108

情報の削除③
〝送信防止措置依頼〟で削除を依頼する……110

情報の削除④
削除されないときは裁判所を利用する……114

責任を追及する①
迷惑行為やウソがあれば責任をとってもらうことも考える……116

責任を追及する②
ネット上の相手を特定する〝発信者情報開示請求〟……118

責任を追及する③
損害賠償は請求できる条件と範囲に注意しよう……120

責任を追及する④
刑事告訴は裁判にならなくても効果がある……122

再発を防ぐ
トラブルの原因を突き止めて再発を防ぐ……124

ネット・法律用語集……126

参考資料……127

第1章

企業のSNS・ネット利用にはどんなトラブルがある？

—— 事例からどんなことがトラブルになるか学ぶ

SNS・ネットのメリット

企業の広告やイメージアップにSNS・ネットは欠かせない！

イメージや売り上げのアップになる

新商品の宣伝
キャンペーンの実施
友達追加でクーポンGet!
アンケートや市場調査
好きな色は?
あか
あお
きいろ

新鮮な情報をこまめにアップデートできるのがネットのよさ。新商品の発売や期間限定キャンペーンなどで、常に消費者の関心を引く戦略ができる。アンケートや意見募集を行うなど、SNSの利点を生かした双方向の交流も効果的。

ファンをつくることでトラブルを防げる！

スマホが生活の一部となった今、ネットでの宣伝戦略は欠かせません。とはいえ、誰でも簡単に口コミを投稿できるSNSは諸刃《もろは》の剣《つるぎ》です。たったひとつの匿名投稿で、企業の好感度が急上昇することもあれば、炎上して謝罪に追い込まれることもあります。

トラブルを防ぐには、ファンを増やしておくこと。公式サイトやSNSで日頃から交流していると、いざというとき味方になってくれます。

企業が発信しなくても口コミで広まる

たったひとりの口コミや動画投稿が、あっという間に共有・拡散されていくこともある。企業の広告宣伝とは別の次元で、情報が自然と広まり、人々の意識のなかに入り込んでいく。

知っておきたい

SNSごとの特徴

●X（旧Twitter）
原則140字以内のテキストや画像、動画が投稿できる。他者をフォローしたり、投稿への返信・拡散機能も。

●Instagram
写真や動画を匿名で投稿できる。多くの芸能人や企業が宣伝で利用する。若年層に人気。

●Facebook
実名で登録する。中高年層の利用者が多い。写真や動画、メッセージ投稿や友だちとのリンク機能がある。

●YouTube
世界20億人以上が利用する動画投稿サイト。世代や性別を超え幅広く人気。動画の長さもジャンルも多様。

●TikTok
若年層に人気。15秒〜10分の動画を投稿できる。短尺で視聴に負担がなく、爆発的な拡散力を持つことも。

●LINE
メッセンジャーアプリ。企業や店舗が公式アカウントを通して、直接消費者と交流することもできる。

SNS・ネットのデメリット

SNS、ネットでトラブルが起こると企業の存続に関わることも

ネット上のことだから、と放っておかない

たったひとつの投稿でも、SNS上ではあっという間に共有・拡散されて大きな力を持つことがあります。以前なら「ひとりのお客さんの苦情」で済んでいたものが、今は瞬時に拡散しながら炎上してしまいます。そのため、企業のイメージを大きく傷つけます。

　特に、経営が消費者の口コミに大きく左右される飲食店やサービス業では売上が激減し、倒産に追い込まれることも珍しくありません。

デメリットは大きく2つ

1 イメージ・売上などの低下

SNSで企業のイメージが悪化すると、その企業の商品やサービスが敬遠されて売上が落ちる。株価の下落にもつながる。

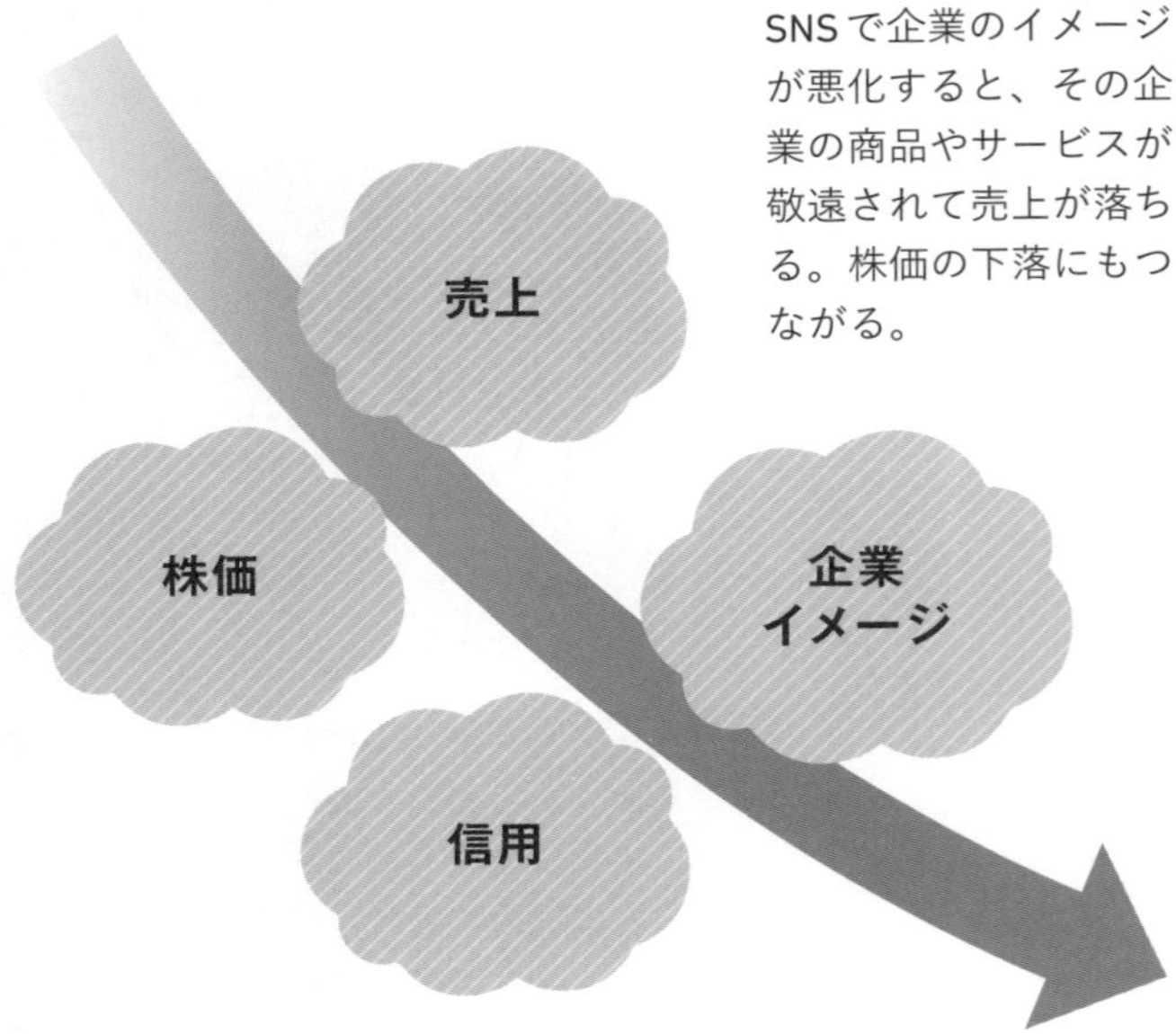

❷ 対応のために業務が増える

- 事実確認
- クレーム対応
- 説明や謝罪
- ネット記事の削除

など

多くの従業員がトラブル処理に忙殺されることになる。苦情電話で日常業務がストップしてしまうことさえある。適切に対応しないと瞬く間に被害が拡大する。

トラブル後の対応も すべて〝さらされる〟

トラブルを放置することは厳禁ですが、ただ対応すればよいというものではありません。対応のしかたによっては、さらに炎上を巻き起こすおそれがあります。

電話の受け答えや苦情に対する返信メールには細心の注意を払いましょう。対応はすべて記録されていると考えたほうがよいでしょう。

顧客が不適切と感じれば、即座にネットにさらされます。一部が切り取られて投稿され、イメージを傷つけられる可能性もあります。

対応を誤れば誤るほど火に油を注ぐことになり、鎮火するためにエネルギーと費用、時間がかかります。

トラブルから学ぶ①

企業への不満が投稿される告発型のトラブル

ネット上で不満を告発する人が増えている

企業に対して苦情や不満があるときにも、最近は直接企業に言わず、いきなりネット上で告発する人が増えています。

　これはネットを利用すれば、誰でも手軽に投稿できるようになったのが要因です。また、ネットで拡散すれば、より多くの人の注意を引いて企業への影響力を強められることや、視聴や再生の回数が増えれば収入にもなることなども背景にあると考えられます。

根本的な社内の体制に問題があることも

一方、ネットに投稿される不満は、単なるクレームではなく、企業への警鐘ととらえることもできます。

　サービスの内容や企業の制度、働き方など、これまであたりまえだと思って見過ごしてきた問題点が、小さな投稿から明るみに出ることも数多くあります。

　トラブルを単なるトラブルとして終わらせず、問題点を改善できるチャンスとする姿勢が必要かもしれません。

トラブル 1

商品に虫が入っている写真が拡散されて販売中止に……

消費者からの告発

カップ焼きそばに異物が混入していたとSNSに投稿があった。虫の死骸とみられる画像つきで投稿されたためインパクトが強く、あっという間に拡散された。

商品の全面回収、半年間の生産中止に

企業側は当初否定したためネットで炎上した。その後の調査で「製造過程での混入の可能性」を認め、対応を改めた。全工場停止や製品回収、設備の入れ替えなど迅速に対処。売上減少による社員の人員削減も行わず、取引先に真摯に対応したことにより信頼を回復した。

対策・対応するには？

事実確認や原因調査を十分にした後、説明と謝罪をすることで、さらなる炎上を防ぐことができる。炎上後の対応が大切。

- 事実確認をする⇒*P86*
- うまく説明・謝罪をする⇒*P94、96*

トラブル 2

元従業員がパワハラや労働環境の悪さをSNSで告発

元従業員・
従業員
からの告発

ある飲食店を入社1か月で退職した新入社員の退職理由を、暴露系インフルエンサーが投稿。「手を洗うと嫌な顔をされる」「期限切れの食材を提供」「パワハラ行為」などが告発された。

一部事実を認め、
謝罪文を公表

会社側は翌日、「謝罪」と「事実を確認中」というプレスリリースを発表した。翌々日には新たなプレスリリースを発表し、「食品衛生法の趣旨に則してはいるが、社内基準に則した食材管理や提供方法について一部徹底されていないことを確認した」と謝罪した。

対策・対応するには？

ネット上で告発される前に社内での不法行為やハラスメントを申告できる窓口を設けよう。労働環境を整えることも大切。

- 労働環境を整える⇒*P41*
- うまく説明・謝罪をする⇒*P94、96*

トラブル 3 就活生に送ったメールが人権侵害だと問題に

ある飲食店が、採用説明会に参加を予約していた大学生に対して、大学や居住地から外国籍と判断して参加を取り消し。大学生が企業からの返信のスクリーンショットを投稿して発覚した。

就活生からの告発

SNSで批判を受け謝罪

企業側は外国人は就労ビザの取得が困難で、内定を出しても入社できないケースが過去にあったと説明し、「説明や確認不足だった」と謝罪した。

対策・対応するには？

差別的にとらえられる行為が原因。トラブルになりやすい言動を知り、体制を見直すことが大切。

- トラブルになりやすい言動を知る⇒*P62*
- SNSの利用を教育する⇒*P54、56、58*

トラブルの火種かも

＼解決したい困りごと／

自社の悪評を投稿されています……

退職者が、在籍していた企業への不満を転職サイトや掲示板に書き込むこともある。転職サイトは投稿するとポイントがもらえたり、ほかの企業を閲覧できるようになったりするので、悪口のつもりでなくても、つい不満を書いて企業の評判を落としてしまうケースもある。

対策・対応するには？

- ネット記事や口コミを削除する⇒*P104、108、110、114*
- ウソの場合は責任を追及する⇒*P116、118、120、122*

トラブルから学ぶ②

企業や従業員による〝不適切な言動〟がトラブルを招く

何が不適切になるのか
事例から学びましょう

不適切だと思わずに発信することが多い

企業の公式アカウントや広告が炎上するケースも目立ちます。まれに故意の炎上で注目を引こうとする手法もありますが、ほとんどは企業が意図していなかった炎上です。

典型的なのが、男女の役割を決めつけたり、女性を性的に消費される存在として描いたりしたときの「ジェンダー炎上」です。企業は内容が不適切であると認識せず、炎上してはじめて気づくことになります。また、「悪ノリ」でやった不適切な行為が炎上することもあります。

〝不適切〟の範囲は時代とともに変化する

「何が不適切なのか」という社会常識は、時代とともに変わります。特に現代は、人々の意識が大きく変化している時代。アンテナを敏感にしていないと、自分の「常識」が、いつのまにか「非常識」になっていることに気づきません。

特に広報担当者は常に世間の風潮や空気感をとらえて発信しないと、「不適切」と批判されて企業イメージを損なうおそれがあります。

トラブル 1

CMの内容が「女性差別」「セクハラ」だと批判される

ある化粧品会社が、女の子から大人の女性への変化をテーマにしたCMを製作した。25歳の誕生日を機に「もう女の子じゃない」「カワイイという武器は使えない」などのメッセージを流したところ、「女性差別」「価値観が古い」と炎上した。

会社はすぐにテレビCMの放映を中止し、ネット動画も削除した。同時に「大人の女性を応援するという、こちらの意図が正しく伝わらなかったことは残念」と説明した。

対策・対応するには？

ジェンダー問題はトラブルになりやすい内容。広告など情報を発信する前に内容が不適切でないか複数人で確認しよう。

●トラブルになりやすい言動を知る⇒*P62*

トラブル 2

アルバイトが冷蔵庫に入っている写真をSNSに投稿

ある飲食店でアルバイトをしていた学生が、店内のキッチンにある冷蔵庫に入って顔を出している様子を撮影して投稿。「不衛生だ」という苦情が殺到した。

批判が相次いで閉店することに

店舗を経営する本社が謝罪文を公表し、店舗は休業。しかし、苦情が後を絶たず、1週間後に店舗は閉店に追い込まれた。投稿したアルバイトの学生には損害賠償を請求した。

対策・対応するには？

ネットリテラシーの低さや就業中にスマホを利用していることが原因。スマホやSNSを利用するルールをつくり教育することが大切。被害の大きさによっては損害賠償の請求を検討できる。

- 就業中のSNS利用のルールをつくる⇒P38、42
- SNSの利用を教育する⇒P54、56、58
- 従業員の処分を考える⇒P44、100
- 責任追及を考える⇒P116、118、120、122

トラブル 3

従業員が自分のアカウントと間違えて企業の公式SNSアカウントで投稿

あるアイドルグループの公式アカウントを担当者が自分の個人アカウントと勘違いして、某声優の不倫について「なにやってるん笑」などと不適切な投稿をした。

同日、アイドルグループスタッフ一同が謝罪。「公式アカウントとは無関係な内容」「個人の誤りによる投稿」というお詫びを公表した。

対策・対応するには？

就業中に個人アカウントのSNSを使っていることや企業のパソコンで個人アカウントにログインしていることが問題。公式SNS担当者に向けたルールをつくろう。

- 就業中のSNSの利用を制限する⇒ *P38、42*
- 公式SNSの運用ルールをつくる、周知する⇒ *P50、58*

知っておきたい

過去の広告が今になって問題視されることも

いったんネットに上がった情報は、ひとつを削除しても拡散されたすべてを消すことは難しい。そのため、過去の広告などが突然注目されて炎上することも。特にジェンダーやLGBTQ＋など、人々の意識が大きく変化しているものについては「けしからん」と批判されてバッシングの対象になりやすい。

トラブル 4

企業名を記載したアカウントで人事担当者が就活生に価値観を押しつける発言をする

ある人事担当者が個人のアカウントで「給料や待遇にこだわりのある人とは働きたくない」と投稿。アカウントには企業名が記載されており、上から目線のブラック企業のようなコメントにこの企業への批判が相次ぎ炎上した。

業務に関わる問題発言

担当者の対応でさらに炎上

批判を受けて担当者が「それぞれの価値観がある」という旨を投稿。謝罪ではなかったため火に油を注ぐことになり、さらに炎上した。

対策・対応するには？

企業名を明記していたことや、業務に関わる内容だったため個人の意見ではなく、企業の意見としてとらえられた。個人アカウントであっても、言動には注意が必要。

- **SNSの利用を教育する⇒P54、56、58**
- **トラブルになりやすい言動を知る⇒P62**
- **適切に説明と謝罪をする⇒P94、96**

誰かがSNSに投稿すれば、SNS上での対応が必要になります

●駅や新聞に出した広告が炎上

通勤客であふれる駅のコンコースに「今日の仕事は楽しみですか」という広告がずらりと並んだ。これがSNSに取り上げられると、「不快だ」「傷つく」と批判されて1日で取り下げられた。また、ある漫画雑誌が胸を強調した女性の広告を駅構内や新聞に掲載し炎上した。

トラブル 5

従業員が不祥事を起こして企業が特定される

あるコンビニに来店した男女がいいがかりをつけて店長や店員に土下座を強要する動画を投稿。「車で突っ込むぞ」と脅して、たばこを要求し、恐喝容疑で逮捕された。動画から被疑者の勤務する企業が特定され、企業にも非難が殺到した。

プライベートでの不祥事・炎上

企業にも批判がおよんで企業が謝罪

企業側は公式サイトで従業員の不祥事を謝罪。「私人としてなしたこととはいえ、道義的責任を感じる」とお詫びした。ネット上は「謝罪が遅い」という批判と「謝罪は不要」と擁護する声にわかれた。

対策・対応するには？

プライベートでの出来事でも、炎上すれば企業が特定されて被害がおよぶことも。プライベートでのSNS利用の教育も大切。

- SNSの利用を教育する⇒*P54、56、58*
- 企業として対応するか考える⇒*P88*
- 従業員の処分を考える⇒*P44、100*

知っておきたい

SNSで発信しなくてもトラブルは起こる

●花見の場所取りをして炎上

ある企業が、花見のため1週間も前から企業近くの桜の名所に大きなシートをガムテープで貼りつけ、場所を確保していた。また、別の企業は数日前からブルーシートを設置して場所取りをしていた。いずれもSNSに写真が投稿されて批判が殺到。謝罪に追い込まれた。

トラブルから学ぶ③

投稿内容が企業の情報漏えいだと批判される

きちんと対策すれば防げるトラブルのひとつ

従業員の個人投稿が原因で企業が批判されることもあります。

特に従業員が個人情報を扱っていたり、守秘義務を課されたりしている場合には要注意です。新人社員やアルバイトのなかには個人情報に関する意識が薄い人もいて、知らず知らずに、あるいは遊び半分に漏えいさせてしまうこともあるからです。

このような過失による漏えいは、企業側が従業員教育などの対策を徹底することで防ぐことができます。

トラブル 1

有名人が来店したことを従業員がSNSに投稿

東京の高級ホテルのアルバイトが、Ｊリーガーと女性モデルがホテル内のレストランで食事しているのを目撃。「今日は２人でホテルに宿泊するらしい」と投稿してネットで拡散。大騒動となった。

投稿者が特定されホテルも公式で謝罪

ホテル側は謝罪。「アルバイトにも守秘義務の研修を行い、誓約書に署名させている」としたうえで、当従業員に厳しい処分を下すと公表。

従業員の家族がSNSで漏えいしてしまうこともあります

トラブル 2

市役所職員のSNSに機密情報が写り込んでしまった

市役所職員が、机上に書類を広げたままお菓子などを撮影し「おなかがぐるぐるなってますわ」とコメントを添えて投稿。それを見た人から「画像に税関連の機密書類が写り込んでいて社名や税情報が見える」とメールが届いた。

市役所が謝罪

市役所は「今後は個人情報管理を徹底する」と謝罪。職員に対して「勤務時間中に投稿しないこと」などと指導をはじめた。

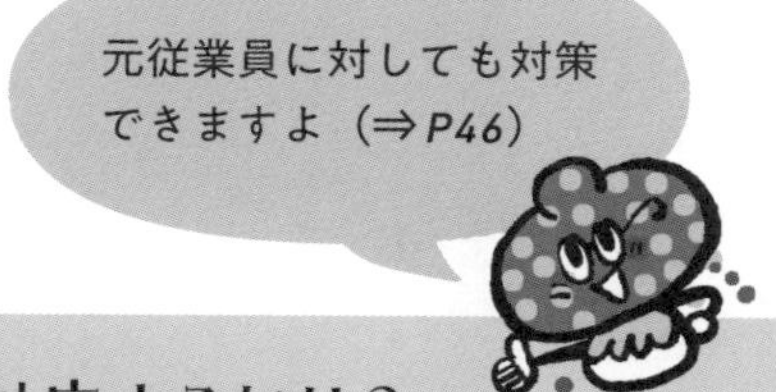

対策・対応するには？

従業員に守秘義務の意識が不足していることが問題。秘密の範囲を定めて説明したり、業務中のSNS利用を制限したりすることで情報漏えいを防ごう。

- 就業中のSNS利用を制限する⇒P38、42
- 守秘義務契約を結ぶ⇒P46、48
- SNSの利用を教育する⇒P54、56、58

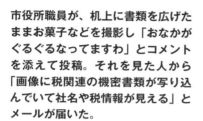

トラブルから学ぶ④

企業がSNSをやっていなくても炎上が起こる可能性はあります

企業は悪くなくても巻き込まれることがある

どんなに対策しても炎上は避けられない!?

ＳＮＳは、不特定多数の人間がいつでもどこからでも匿名でアクセスできるツールです。その影響力を考えると、どんな対策も「これで万全」ということはありません。

公式サイトなら企業がチェックできますが、個人がどこかのＳＮＳに悪意ある投稿をすれば、企業はなすすべがありません。一晩で評判が地に落ちてしまうこともあります。

顧客が店で行った迷惑行為や、悪意に満ちたウソの投稿、広告の写真やコピーの表現に対する過剰反応、さらには偽アカウントによるなりすまし詐欺など、炎上の種はいたるところにあります。

炎上しても被害をおさえるためには準備が大切

とはいえ、ＳＮＳは企業戦略には欠かせないツールです。炎上をおそれてネットから距離を置くのではなく、対策を取りながら活用しましょう。これまでの事例をよく研究し、たとえ炎上が発生しても速やかに対応できるように準備を整えておくことが大切です。

トラブル 1

お客さんの迷惑行為による炎上

大手回転ずしチェーンで、客の少年が卓上の醤油ボトルをなめたり、レーン上のすしに唾液をつけたりするなどの迷惑行為を撮影して投稿し、大炎上した。客の大幅減少や株価下落などの被害を受け、店側は損害賠償として約6700万円を請求した。その後調停が成立した。

被害

・株価の暴落
・営業停止
・再発防止のための対策コスト

迷惑行為を受けて、再発防止のために営業体制の根本的な見直しも必要に。同じ業界の他社も被害を受けた。

できる対応

- 適切な事実確認と説明⇒*P86*
- 責任追及を検討する⇒*P116、118、120、122*

トラブル 2

広告が不適切だといいがかりをつけられる

ある駅で、ある飲料メーカーが缶チューハイのキャンペーンを行った。商品名をもじった駅名に変えるなどの宣伝活動をしたところ、アルコールや薬物依存対策に取り組むNPO法人が「公共の場でのアルコール広告」を非難、中止を申し入れた。SNS上には賛否があったが、広告は縮小された。

被害

・広告の中止
・イメージの低下

広告費用が無駄になったうえ、企業イメージも低下。

できる対応

- 不適切かどうかチェックする⇒*P62*
- 対応が必要かどうか考える⇒*P88*

トラブル 3

ウソの口コミを書かれている

元従業員が転職サイトに「サービス残業を強制された」「成果が上がらないとクビになる」などと投稿。企業側は「残業は許可制で時間外手当も支払っている。成果によって解雇という事実もない」と裁判に。

被害

・イメージの低下
・営業の妨害

口コミの影響を受けて企業のイメージは低下。対応業務の発生や入社希望者の減少など経営にも悪影響。

できる対応

- 投稿の削除を頼む⇒*P104、108、110、114*
- 責任追及を考える⇒*P116、118、120、122*

トラブル 4

会社のなりすましアカウントがある

ある大手証券会社の偽広告がFacebookに出され、詐欺被害にあったという訴えも確認された。会社には公式Facebookはない。Facebookに削除を依頼するも、なりすましサイトや広告は次々と現れ「いたちごっこ」状態。公式サイトで注意喚起した。

被害

・イメージの低下
・営業の妨害

対応に追われたことに加えて、注意喚起を見ていない人にとっては会社イメージが低下し、経営にも悪影響。

できる対応

- アカウントの削除を頼む⇒*P104、108、110、114*
- 事実確認・説明をする⇒*P86、90、92、94*

＼解決したい困りごと／

従業員がSNS・ネットで被害にあっているのですが……

例1 社内でトラブルが起きている

ネットに悪口を書き込まれていると相談を受けた。相談者の出世をねたんだ人が投稿しているようで、「上司と不倫している」「コネ入社」などのウソの書き込みのほか、実際の車のナンバーも掲載されている。拡散はされていないが、相談者は出社しづらくなっている。

悪口を書き込んだ人はほかのトラブルを起こす危険もあります

例2 従業員がプライベートでトラブルに巻き込まれている

女性従業員が匿名で登録しているSNSで誹謗中傷とネットストーカーの被害にあっていると相談を受けた。容姿や人格に対する誹謗中傷のほか、経歴や交友関係、住所などを特定されており、外出に支障をきたしている。

大きな事件に発展することも……。
早めの対応を！

対策・対応するには？

企業側は、業務に関する限り従業員が安全に働けるように環境を整える義務やハラスメントを防止する義務がある（⇒*P39*）。義務が発生する場合は、企業として対応することを検討しよう。

- **SNSの利用を教育する⇒*P54、56、58***
- **従業員を処分する⇒*P44、100***
- **責任追及を検討する⇒*P116、118、120、122***

COLUMN

Question

弁護士に頼まずに、トラブルの予防や事後の対応ができるんですか?

Answer

**ほとんどできます!
まずは第2、3章の対策をやってみましょう。**

SNSやネットで起こるトラブルは、弁護士やIT専門の企業などに依頼しなくても、自社で備えることができます。むしろ、専門家に任せきりにして安心してしまうより、経営陣が自らネットトラブルについての意識を高め、必要な対策を整えるほうが望ましいといえるでしょう。

たとえば、SNS利用に関する就業規則の整備や守秘義務契約の締結、従業員教育などでトラブルを予防することができます。また、どんなテーマや対応が炎上を招くのかなどを知っておくこともトラブルの予防につながります。

しかし、それでもSNSやネットでのトラブルを完全に避けることはできません。もしものときのために、対応するときのポイントを押さえておきましょう。トラブル後の謝罪やネット記事の削除などは、自社で対応することができます。

もし、対応に迷うことや法的措置を検討することがあれば、速やかに弁護士に相談しましょう。

弁護士に依頼する際は「丸投げしない」ことが大切です。あらかじめ事実確認などの現状把握を行い、何をどうしたいのか、自社のスタンスと要望を明確に伝えましょう。

自社でできる対策や炎上時の対応については、次章以降で詳しく説明します。

第2章

トラブル回避の第一歩 社内ルールを つくる・周知する

── 従業員によるトラブルを対策する

就業
規則①

就業中の従業員によるトラブルを防ぐ

一般的な就業規則もネットトラブルに応用できる

就業規則とは、使用者（企業）と労働者（従業員）が合意する職場のルールです。従業員の行動を規制したり懲戒処分したりするためにも必要です。

一般的に、労働契約に基づいて労働者には労働提供義務があります。そして、その義務に付随して職務専念義務があるため、就業中に私的にスマホ等を使うことは一定程度制限できます。たとえば、許可なく就業中にＳＮＳで誹謗中傷したのであれば、職務専念義務違反があるといえます。そして、就業規則が定められていれば、懲戒処分を検討できます。

就業規則がなければ、まずは就業規則を定めましょう。就業規則により労働者のルールを明文化して従業員の意識を高めることが、トラブルの抑止力になります。

もし、広く利用を黙認していてトラブルが起きた場合、懲戒処分をすることは難しくなります。そのため、やむを得ないときを除いて、私的利用を禁止する条文を追加しておくと、トラブルが起きたときに対応しやすくなります。

就業中はしっかり働く義務がある

使用者は、その使用する労働者に対して賃金を支払う義務がある。

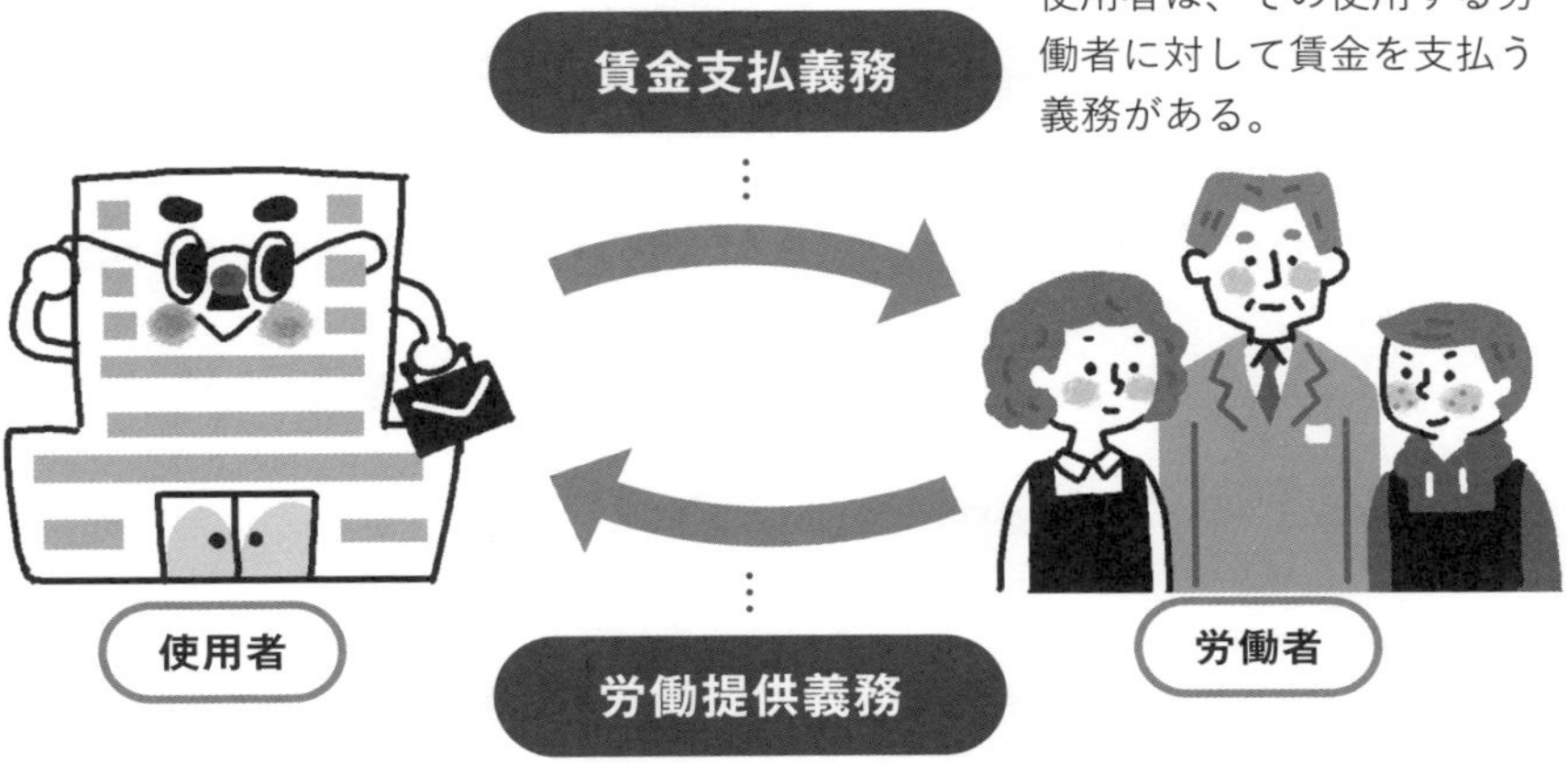

労働者は使用者に対して労働を提供する義務がある。

付随義務

労働契約を結んだ使用者と労働者の間で、信義則上発生する義務のこと。

〈 使用者 〉

- 安全配慮義務
- 労働者の人格を尊重する義務
- ハラスメントの防止措置義務
- 解雇回避努力義務

など

使用者には、労働者が労働を提供しやすくなるように環境を整える義務がある。そのために、生命や健康、人格、プライバシーなどさまざまな側面から労働者を保護する義務がある。

〈 労働者 〉

- 職務専念義務
- 誠実労働義務
- 企業秩序遵守義務
- 秘密保持義務
- 競業避止義務　など

就業時間中は使用者の指揮命令に従い、職務に専念し、誠実に労働を提供する義務がある。また、企業秩序を遵守する義務や、秘密を守る義務、競業他社などで働かない義務もある。

義務を明記しておこう

例

服務規律

第○条

従業員は、職務上の責任を自覚し、誠実に職務を遂行するとともに、企業の指示命令に従い、職務能率の向上および職場秩序の維持に努めなければならない。

誠実労働義務

企業秩序遵守義務

遵守事項

第○条

従業員は、以下の事項を守らなければならない。

① 勤務中は職務に専念し、正当な理由なく勤務場所を離れないこと。
② 企業の名誉や信用を損なう行為をしないこと。
③ 在職中および退職後においても、業務上知り得た企業、取引先等の秘密を漏えいしないこと。

職務専念義務　**秘密保持義務**

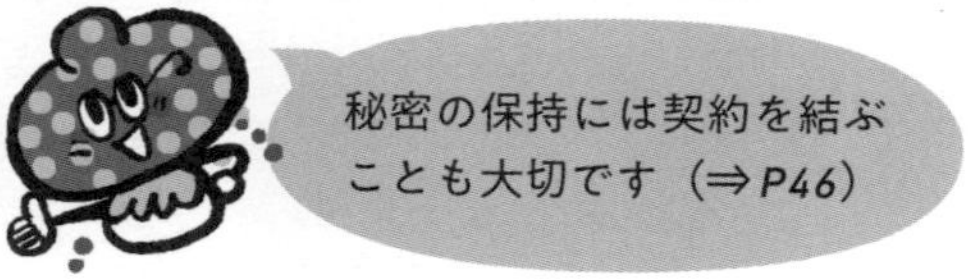
秘密の保持には契約を結ぶことも大切です（⇒P46）

就業規則に上記の4つの義務を記載したい。これらの義務は、労働契約があれば就業規則に記載がなくても発生するが、明文化することで従業員が再確認できる。

例

業務中のパソコン・スマホの利用について

第○条

従業員はやむを得ない場合を除き、就業時間中に企業の許可なく個人で所有するパソコンやタブレット端末、スマートフォンなどの機器を利用してはならない。

労働提供義務以外にも、スマホやパソコンに関する規定をつくり、具体的に私的利用の禁止を明記するとよい。ネット利用に関する従業員の意識を高めることにもつながる。

この定めがあると、より就業中の利用を制限できます

※『企業を守る ネット炎上対応の実務』（学陽書房）、厚生労働省「モデル就業規則 令和5年7月版」を参考に例を作成。

使用者の義務を果たして告発を防ぐ

義務

- 安全に働ける環境づくり
- ハラスメントの防止
- 従業員のプライバシーを侵害しない
- 従業員の健康管理

など

内部からの告発で炎上するケースも多い。従業員がSNSを不満のはけ口にしないように、労働環境の改善やハラスメントの防止、コンプライアンスの遵守に努め、従業員が悩みを相談できる窓口をつくる。

知っておきたい

就業中のSNSも少しならOK

ある社員が勤務中、会社のパソコンで私用メールを送受信。就業規則では会社のパソコンの私的利用を明確に禁じておらず、メールも1日2通程度だったことから職務専念義務違反とは認められなかった[*1]。一方、ある教師が学校のパソコンで勤務中に膨大な私用メールを送受信していたケースでは、懲戒解雇が認められた[*2]。

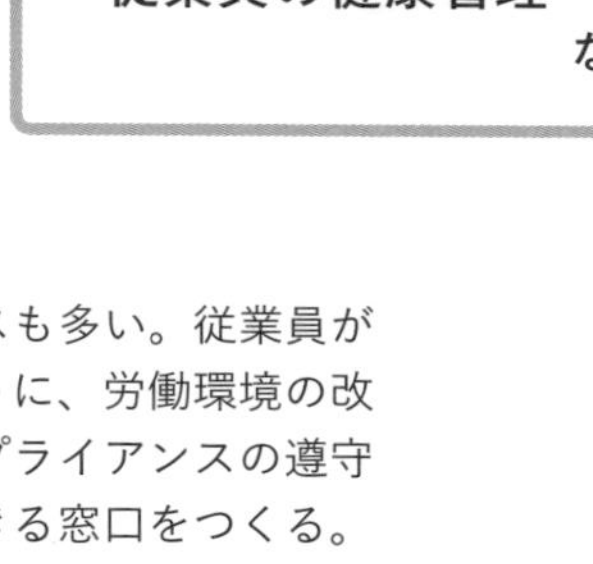

頻度や内容によっては職務専念義務違反になります

＊1　東京地裁平成15年9月22日判決（グレイワールドワイド事件）
＊2　福岡高裁平成17年9月14日判決（K工業技術専門学校事件）

就業規則②

SNS・ネットトラブルに特化した条文を追加しよう

企業からパソコンなどを貸すとき

例

貸与機器の取り扱い

第〇条

1 従業員は企業が貸与しているパソコンやタブレット端末、スマートフォンなどの機器（以下、「貸与機器」という。）を利用して、業務と無関係なウェブサイトの閲覧および電子メールの送受信をしてはならない。

2 従業員は、業務に関する場合を除き貸与機器を用いてSNS等を利用し、または情報を発信してはならない。

3 企業は必要に応じて貸与機器および通信記録並びにネットワークの利用状況を定期的にまたは適宜閲覧、調査、解析、記録等することができる。

＼ 追加したい内容 ／

私的利用の禁止

あいまいにしていると懲戒処分ができないので私的利用は一切禁止にする。

調査の可能性

貸与機器の調査がプライバシー侵害などにならないように権限を明記する。

バイトテロなど就業中の炎上を予防する

飲食店のバイトテロや投稿した写真に機密情報が写り込むなど従業員の投稿から炎上し、企業が損害を受けるケースが増えています。

就業中の私的なスマホ等の利用禁止に加えて、スマホ等を貸し出すときやSNS投稿についても規定することで、これらのトラブルを防ぎましょう。

就業規則は問題が起きた後に変更しても、遡《そ》及《きゅう》適用できませんから、速やかに見直してください。

※『企業を守る ネット炎上対応の実務』（学陽書房）を参考に例を作成。

業務上でネットに情報を発信するとき

例

インターネット上の情報発信

第○条

1　従業員は、職場の秩序を保持し、業務の正常な運営のため、次の各号に掲げる情報を発信してはならない。

(1) 職務上知り得た秘密や個人情報を含む情報
(2) 人種、思想、信条等の差別や差別を助長させる情報
(3) 違法行為または違法行為をあおる情報
(4) 単なるうわさを助長させる情報
(5) わいせつな内容を含むホームページへのリンクを含む情報
(6) そのほか公序良俗に反する一切の情報

2　企業は、従業員が前項に該当する情報を発信・開示していることを発見した場合、その削除を求めることがある。企業からの削除を求められた従業員は直ちに当該情報の削除に応じなくてはならない。

3　企業は、従業員が前各項に違反したときは第○条（懲戒）に基づく処分をし、また、当該情報の発信により企業に損害を与えた場合は、その損害の賠償を求めることがある。

＼ 追加したい内容 ／

炎上しやすい投稿の禁止

ネットリテラシーは人によって大きく異なる（⇒*P54*）。どんな投稿が禁止かできるだけ具体的に記す。

投稿を消す可能性について

企業に不都合な投稿は削除を求めることを明記すると、業務に関係のある範囲で、業務命令として削除することができる。

懲戒の可能性について

就業規則違反は懲戒の根拠になるので、SNSに関するルール違反も懲戒の対象になることを定めておこう。

就業規則で制限できるのは就業中のみ。プライベートでの利用はほかの方法で対策します（⇒*P54*）

就業規則③

もしものときのために罰則を定めておく

懲戒の主な種類

けん責・戒告
もっとも軽い。厳重注意を与える処分であり、始末書の提出を求めることもある。

減給
次に軽い懲戒。賃金から一定額を差し引く。労働基準法で定められた上限を超えてはならない。

出勤停止
就労を一定期間禁止する。賃金は支給されない。「自宅待機」「懲戒休職」ともいう。

降格
職位や役職を引き下げる。懲戒解雇の次に重い。人事上の降格と異なり、厳格なルールや証明が必要。

懲戒解雇
もっとも重い懲戒処分。予告なしに解雇する。退職金は支給しない企業が多い。

懲戒をするには種類と程度、根拠の定めが必要

ネットトラブルが起きた場合、従業員に責任をとってもらう方法として、懲戒処分があります。従業員に対して企業が懲戒を行うには、就業規則に懲戒事由と懲戒の種類や程度、根拠が定められていなくてはなりません。ＳＮＳ関連の規定を整備しておきましょう。

就業規則は従業員に周知すべきものなので、ネットトラブルも懲戒の対象になることを明確にすれば、トラブルの抑止力になります。

懲戒の根拠にネットトラブルを含めよう

例

懲戒の事由
第〇条
従業員が次のいずれかにあてはまるときは、情状によってけん責、減給、出勤停止とする。

①正当な理由なく5日間以上無断で欠勤したとき。
②過失により企業に損害を与えたとき。
③社内の秩序・風紀を乱したとき。
④第〇条、第〇条、第〇条に違反したとき。

懲戒の種類を記載

業務外のトラブル（⇒P28）にも対応できる内容を入れる

ネット関係の条文を入れる

38～43ページで紹介した想定されるネットトラブルについて規定し、それぞれの条文を懲戒事由に含める。

実際に懲戒するときは慎重に考えましょう（⇒P100）

知っておきたい

就業規則を変更したら届け出＆周知を

労働者の意見聴取をして就業規則を変更したら、必ず管轄の労働基準監督署へ届け出、周知を行う。

①意見を聞く ➡ **②変更の届けを出す** ➡ **③周知する**

①意見を聞く
就業規則を変更する際は、労働者の過半数で組織する労働組合または労働者の過半数を代表する者の意見を聞く。

②変更の届けを出す
常時10人以上の労働者を雇用する使用者は、就業規則作成時に加え、変更時にも管轄の労働基準監督署に届け出を行う。

③周知する
使用者は就業規則の変更について、書面を常に職場の見やすい場所に掲示したり、配布したりして労働者に周知する。

※厚生労働省「モデル就業規則　令和5年7月版」を参考に例を作成。

守秘義務
契約①

従業員一人ひとりと契約を結んで企業の情報を守る

入社時に必ず契約を結ぶようにしよう

一般に従業員とは入社時に守秘義務契約書を取り交わしますが、ネットトラブルを防ぐには、漏えい方法等の内容を具体的に明示しましょう。

また、退職時は企業との関係があまり良好でなく、退職後の守秘義務契約に同意してもらえない可能性もあるので「退職後も有効」とした契約にすることが大切です。

入社時に締結していない従業員には、在職中なるべく早めに契約書に署名をしてもらいましょう。

契約書をつくるときのポイント

1　情報漏えいの方法を明示する

「方法のいかんを問わず」という記載だけでは抽象的なので、「口頭」「書面」「Eメール」「チャットツール」「SNS」「インターネット掲示板」など具体的な方法も明示する。

2　秘密の内容を詳しく書く

「就業中に知り得た情報を口外してはならない」という記載をよく見るが、それでは範囲が広すぎて効果的ではない。「顧客に関する個人情報」や「商品流通経路」など自社に合った内容を具体的に書き、従業員の意識を高める。

3　退職後も効力のある内容に

退職後は就業規則で懲戒できないので、契約時に「退職後も守秘義務は有効」という条項を入れておく。ただし、退職後の競業への過度な転職制限などは無効になることがある。

例

労働者の義務のひとつですが、契約を結ぶことでより義務感を持ってくれるでしょう

秘密保持に関する契約書

令和〇年〇月〇日
株式会社〇〇〇〇
代表取締役　山田一郎　殿
住所
氏名　　　　　　　印

下記の秘密保持に関する事項を遵守することを誓約いたします。

記

1　秘密保持

次に掲げる貴社保有の個人情報および営業秘密そのほかの情報について、社外の第三者に対して、方法のいかんを問わず、貴社の許可なく開示または漏えいせず（口頭で話すことのほか、書面、Eメール、チャットツール、SNS、インターネット掲示板等への書き込み等を含む。以下同じ。）、そのほか不正使用しないこと。

（1）顧客に関する個人情報
（2）商品流通経路、卸価格、小売価格等の情報
（3）財務、人事等の総務にかかる情報
（4）仕入れ先企業または関連子会社の情報
（5）そのほか就業中に知り得た貴社に関する情報

2　秘密の報告および帰属

（1）秘密情報について、その創出または得喪《とくそう》に関わった場合には直ちに貴社に報告いたします。
（2）秘密情報については、私がその秘密の形成、創出に関わった場合であっても、貴社業務上作成したものであることを確認し、当該秘密の帰属が貴社にあることを確認いたします。また当該秘密情報について私に帰属する一切の権利を貴社に譲渡し、その権利が私に帰属する旨の主張をいたしません。

3　退職後の秘密保持

第1項の営業秘密等については、退職した後においても、開示もしくは漏えい、または不正使用いたしません。

4　損害賠償

前各条項に違反して、貴社の秘密を開示もしくは漏えいした場合は、私は、それにより貴社が被った一切の損害を賠償することを約束いたします。

※『企業を守る ネット炎上対応の実務』（学陽書房）を参考に例を作成。

守秘義務契約②

契約時には必ず内容を口頭で説明しよう

説明するときのポイント

1. 口頭で伝える
2. 秘密の範囲を明確にする
3. トラブルになった例をあげる

守秘義務契約書を取り交わす際は、必ず口頭で「何が秘密なのか」具体的に説明する。秘密の漏えいに対する従業員の意識を高める効果もある。

形式的な契約では意味がない

守秘義務は従業員にとって当然の義務なので、多くの企業が労働契約時に取り交わしますが、形式的な書類とみられていることが多いです。

たとえば第1章で紹介した「ホテル従業員が有名人の目撃情報を投稿して大炎上」（⇒P30）というケースでも、従業員はあらかじめ守秘義務契約書に署名していたといいます。おそらく、この従業員は守秘義務についてよく理解していなかったのでしょう。

知っておきたい

管理が甘いと情報が漏えいしてもしかたない!?

就業規則で定めるほか個別に契約を結んで漏えいを禁じる情報でも、秘密として管理されていなければ秘密事項にはあたらない*。誰でも手に入れられる情報が漏えいしても、懲戒や損害賠償の対象とはならないので、「秘密」は管理方法にも注意しよう。

＊東京地裁平成24年3月13日判決（関東工業事件）

秘密の要件

- **秘密として管理されていること（秘密管理性）**
- **公然と知られていないこと（非公知性）**

対策・対応するには？

- **守秘義務契約を結ぶ**
- **チャイニーズウォールを設定する**

など

チャイニーズウォールとは、部署間の情報障壁のこと。情報にアクセス制限をかけたり、保存場所を分けたりすることで設定する。チャイニーズウォールを整え、簡単に情報にアクセスできないシステムづくりをすることは、情報流出の防止に有用。

説明時に使えるトラブル例

第1章で紹介したトラブル例も参考に、できるだけ具体的に説明する。

従業員の家族がSNSに投稿

ある製菓メーカーの従業員の家族が、発売前の商品やCM情報をSNSに投稿。情報漏えいだと騒ぎになって、投稿者は自身のブログで謝罪。企業には問い合わせが殺到した。

メールの誤送信で顧客情報が流出

ある不動産会社の社員がユーザー会員向けのメールを誤送信し、1000人以上の顧客情報が流出した。宛先をBccにすべきところをToで送信したのが原因。

せっかく契約を取り交わすのですから、意味のあるものになるよう、契約締結時に企業側はきちんと口頭で内容を説明したいものです。他社でもよいので、実際の例を交えて説明すれば、従業員の意識を高めることにつながります。自社で起こり、懲戒した例があればそれも伝えます。

公式SNS運用ルール①

公式SNSの担当者に向けて運用のルールをつくる

誤投稿・炎上を防ぐルールにしよう

企業の公式アカウントから誤投稿があると必ず炎上します。防ぐためには、投稿する内容や運用方針、使用する機器などについてのルールを定め、担当者間で徹底しておきます。

また、誤投稿に気づいたとき速やかに対応できるように、緊急対応のルールも決めておきましょう。

炎上は就業時間内に発生するとは限りません。就業時間外にも対応できるように担当者の緊急連絡先も明記しておきます。

投稿するときのルール

例

- 炎上しやすい内容の投稿禁止
- 内容は複数人でチェックする
- 投稿の入力画面以外で内容を作成する
- フォロー、拡散、返信の基準を決める

など

担当者が意図しなくても、「不快だ」「非常識だ」と感じられて想定外の炎上に発展するおそれがある（⇒*P24*）。誤字やチェック漏れを防ぐために、投稿画面以外で内容をつくることも大切。

どのSNSアカウントでも定めておきたいルールです

使用する機器についてのルール

例

- 機器の持ち出しを禁止
- ログイン情報の持ち出しを禁止
- 私用パソコン、スマホなどでアカウントにログインすることを禁止
- 私用アカウントにログインすることを禁止

など

公式アカウントにログインできる機器を限定し、利用のルールを徹底しよう。私用スマホなどからのログインも一切禁止することで、誤投稿を防ぐことができる。

●アカウントの運用スタンスを決めておく

公式SNSは「堅い内容」にするのか「ゆるい発言」をするアカウントにするのか、あらかじめ運用スタンスを決めておく。それに合った投稿をしよう。

知っておきたい

フォローするだけで炎上することもある

「いいね」や拡散、フォローは、そのコメントやほかのアカウントへの同意・支持とみなされ、思わぬ炎上を招くことがある。企業や担当者間で一定のルールを設けて慎重に行う。

すべてのフォローを外す企業も

ある報道機関は、「フォローはそのアカウントへの支持」「公平性がない」との批判を受け、およそ13万人すべてのフォローを外した。

公式
SNS運用
ルール②

公式アカウント運用ポリシーをつくってホームページで公開しよう

運用の基準を公表してトラブルを防ぐ

公式アカウントの運用基準が明確でないと「フォローしたのになぜフォローバックしてもらえないのか」とか「ブロックされた理由がわからない」といった不満が生じやすくなります。

「アカウントが恣《し》意《い》的《てき》に運用されているのではないか」と誤解されるとトラブルのもとです。あらかじめ外部向けにアカウントの基本ルールをつくり、ホームページで公開しておきましょう。

記載しておきたいこと

1 基本方針・運用方法

運用が恣意的ととられないためにも、あらかじめ公式アカウントの目的や基本方針を明らかにしておく。

＼ ホームページ ／

例

株式会社〇〇〇

ホーム　会社情報　採用情報　お知らせ

公式アカウント運用ポリシー

基本方針

当社公式アカウントは、関連法令や社内ルールを遵守し良識ある社会人として誠実な行動を意識して発言します。
なお公式アカウントによる情報発信は、当社公式ホームページの補助的な情報発信です。

※『企業を守る ネット炎上対応の実務』（学陽書房）を参考に例を作成。

2 免責事項について

情報に誤りがあり、それによって利用者に損害や不利益が生じた場合に、責任を負わないことを明らかにする。

例

(1) 公式アカウントの情報は正当性、完全性が常に担保されているものではありません。
(2) 情報に誤りがあった場合、または変更・削除やそれをしなかったことによって利用者に損害、損失等が発生しても当社は何ら責任を負うものではありません。

3 投稿の削除について

企業に不利益を与えたり、公序良俗に反したりするコメントは、投稿者への予告・承諾を得ずに削除できるようにしておく。

例

以下にあげるような不適切な返信やコメントについては、投稿者への予告·承諾を得ずに削除することがあります。

- 法令や公序良俗に反するもの
- 犯罪行為等を誘発·助長するもの
- 第三者を誹謗中傷しているもの

4 知的財産権の帰属について

公式アカウントに掲載する内容の著作権侵害を防ぐ。また、投稿されたコメントを企業側が利用できるようにする。

例

(1) 公式アカウントに掲載されている記事や写真等に関する著作権そのほかの権利は、当社または正当な権利を有する者に帰属します。なお、出所を明記しての転載は可能です。
(2) 公式アカウントに対していただいたコメント等の著作権等は投稿した方に帰属しますが、投稿された内容を当社が無償で非独占的に使用することを許諾したものとします。

5 公式SNSの一覧

なりすましアカウントによる詐欺や混乱を防ぎ、偽サイトを速やかに排除するため、公式アカウント一覧を掲載する。

SNSの
プライベート
利用①

ガイドラインと教育で従業員のネットリテラシーを高める

教育でプライベートのトラブルを防ぐ

SNSやネットは基本的に個人が自由に利用するものです。公式アカウントからの投稿や就業時間中の利用を除き、企業は、従業員のプライベートのネット利用を制限することはできません。

とはいえ個人のネット利用によっては企業が大損害を被るおそれもあるので、教育で従業員のネットリテラシーを高めることは不可欠です。

SNSガイドラインなどを作成し、従業員一人ひとりに良識あるネット利用を促してください。

罰則を定めて処分することはできない

ガイドラインに反する行為で企業が損害を受けたとしても、従業員の処分はできません。そもそもガイドラインは単なる指針なので、違反行為に関する罰則を定めることはできないのです。

ただし、ネット利用によって「企業秩序を乱した」など就業規則の懲戒事由に抵触する場合には、懲戒をしていくことが認められる場合もあります。

ネットリテラシーは人それぞれ

SNSやネットに関するリテラシーは人によって大きく異なる。従業員を教育するときは具体例をあげて、適切な使い方やリスクなどをわかりやすく説明する。

教育のポイント

- 教育の目的を伝える
- トラブルの実例を交える
- リスクをしっかり伝える
- 定期的に行う

ネットコンテンツは移り変わりが激しい。担当者は常に情報を更新し、新たな実例やリスクを盛り込んで定期的に従業員研修をしよう。

知っておきたい

プライベートの行為でも企業への被害が大きいと懲戒になる

プライベートの行為も企業に影響がおよぶと懲戒の対象になる。待遇に不満を持つ電力会社社員が、事実とは異なる内容の会社に対する誹謗中傷ビラを社宅に配布した事件では、就業時間外の行為であっても、会社の社内秩序を乱したとして、けん責が有効とされた＊。SNSでも同様のことが起こり得るため、教育時にしっかりと説明を。

懲戒の対象

- 企業内の秩序を乱すこと
- 企業の社会的評価が大きく下がること

＊最高裁第一小法廷
昭和58年9月8日
判決（関西電力事件）

SNSのプライベート利用②

SNSを使うときのガイドラインをつくろう

従業員自身のためになる内容にする

SNSガイドラインは就業規則と異なり、違反した従業員への罰則などは盛り込まれません。ガイドラインの目的は、「うちの企業ではこういう使い方をしてほしいです」という企業の指針を示すことです。

ガイドラインを通してネットリテラシーを高めて従業員の炎上を防ぐことは、従業員自身のためにもなります。企業の一員としてプライベートでも節度を持ったネット利用ができるようにします。

つくるときのポイント

1 アルバイトも含めた全従業員を対象にする

正社員に限らず、派遣·契約社員や短期間のアルバイトなど、業務に携わるすべての人に対してガイドラインをつくろう。

2 トラブルになりやすい内容への注意

同業他社なども含め過去の事例を参考に、トラブルが生じるおそれのある行為や投稿内容を記載する（⇒***P62***）。

3 炎上時の正しい対応について

トラブルに気づいたら上司へ速やかに報告することを徹底する。そのための連絡先も明記しておく。

例

SNS利用のガイドライン

従業員の個人情報やプライベート侵害、企業の信用失墜、顧客情報の流出などを防ぎ、適切なSNSの活用を促進するため、作成いたしました。

対象者

本ガイドラインは、当社の社員、派遣社員、アルバイト等すべての関係者を対象とします。

投稿等の際の注意点

ソーシャルメディア等を利用する場合には、企業の一員であるという自覚を持って、内容次第で当社のブランドを大きく損なう可能性があることを意識して情報発信を行いましょう。

具体的には以下のような点に注意しましょう。

（1）当社の従業員であることを明らかにしてソーシャルメディア等を利用する場合、自身の意見・見解が当社の意見・見解を代表・代弁するものでないことを明記するようにしましょう。なお、企業のロゴや商標を利用してはいけません。

（2）自社製品や自社サービスの優位性を強調する発信は、ステルスマーケティングの一環ととらえられるおそれがあるため、しないようにしましょう。

（3）他社製品や他社サービスをおとしめる内容を発信しないようにしましょう。

（4）業務を通じて知った内部情報、他社の情報などは投稿してはいけません。

（5）就業時間中はソーシャルメディア等を利用してはいけません。

炎上を起こしてしまった場合の対処

万一、炎上を発生させてしまった場合は、速やかに直属の上司に報告するとともに、以下の相談窓口まで相談·報告をしてください。

TEL：＊＊-＊＊＊＊-＊＊＊＊

Mail：＊＊＊@＊＊.＊＊＊

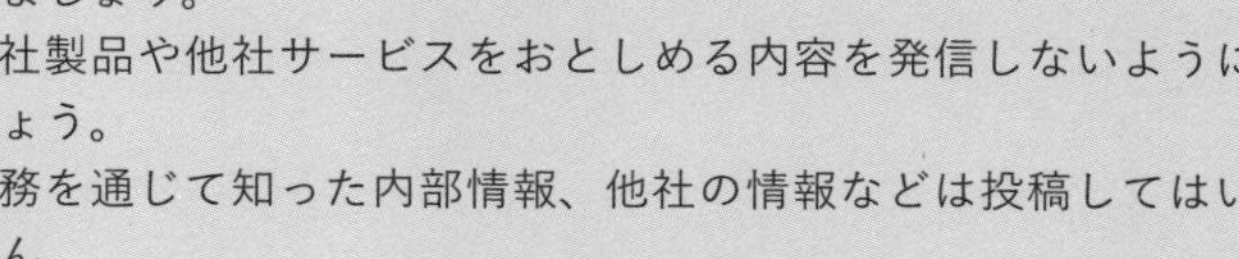

※『企業を守る ネット炎上対応の実務』（学陽書房）を参考に例を作成。

就業規則やルールをつくったら従業員全員に知らせる

知らせてはじめて効果がある

就業規則は、労働基準法で周知が義務づけられており、違反すると罰金が科されます。

公式ＳＮＳの運用ルールやＳＮＳの利用ガイドラインなどに法的義務はありませんが、従業員が知らなければ意味がありません。ルールをつくったら、就業規則と同様、周知を徹底しましょう。

周知するときはトラブル発生時の対応なども伝えておくと、トラブルの悪化を防ぐことにつながります。

周知するための方法

配布する

印刷して従業員に配布する。ただし変更ごとに印刷して配布し直す手間とコストがかかる。外部に持ち出されないよう注意。

掲示する

休憩スペースや更衣室など、各事業所内ですべての従業員がいつでも見られる場所に複数箇所掲示、または備えつけておく。

説明会を開く

新入社員の入社時には「就業規則とは何か」を含めて説明する。変更時には全従業員向けに説明会を開き、変更の趣旨を説明する。

一緒に伝えておきたいこと

トラブル時の連絡先

トラブルが起きたらすぐに、対応担当者に連絡ができるよう、緊急連絡先を決めておく。時間外にトラブルが起きた場合についても、いつどこへ連絡するか決めておこう。

ハラスメントなど社内告発の相談窓口

ハラスメントなど社内の不満や苦情をSNSに投稿しないように、社内に相談窓口をつくり、周知して相談しやすい体制を整える。

トラブル時の対応

＼ 報告すること ／

- 原因となった投稿
- 理由
- 現状

トラブル発生時には冷静な判断ができなくなる可能性もある。「原因となった投稿」「炎上の理由」「現状」など、伝えるべきポイントをルール化しておく。

知っておきたい

周知義務を怠ると懲戒は無効になる

ある企業で、就業規則を変更する時期の前後に従業員が得意先とトラブルを起こし、社内でも暴言を吐くなどした。企業は新しい就業規則に基づき「職場秩序を乱した」と懲戒処分にしたが、職場にはまだ新しい就業規則が備えつけられておらず、懲戒は違法とされた＊。

＊最高裁第二小法廷平成15年10月10日判決（フジ興産事件）

COLUMN

Question

若い世代だけでなく、上層部などにも SNS・ネット教育は必要ですか?

Answer

トラブルを起こす人や巻き込まれる人の世代はさまざま。全従業員に教育を。

SNS は若い世代が多く利用しているイメージがありますが、今は子どもから中高年まであらゆる世代が使っています。

トラブルの原因もさまざまで、年齢が上だからといってトラブルを起こしたり、巻き込まれたりしないとは限りません。

たとえば、バイトテロのような悪ノリをするのは 10 ～ 20 代の若者が多いようですが、誹謗中傷をするのは 30 ～ 60 代が多いといわれています。

また、若い世代は幼い頃からネットに慣れていて、学校でも使い方やリテラシーを学んでいます。しかし、中高年はネット利用に慣れておらず、リテラシーの低い人もたくさんいます。

年齢が上がると新しいことを学ぶのがおっくうになる人もいます。「今さら研修なんて」「若者に任せておけ」「仕事が忙しい」と、社内研修に消極的な人がいるかもしれませんが、できるだけ多くの従業員に研修を受けてもらい、企業全体のネットリテラシーを高めましょう。

SNS は今や企業の広報活動でも欠かせないツールです。うまく使えば企業イメージをアップして売上や株価上昇につながりますが、使い方を誤ると大きなダメージを被ります。

上層部も巻き込んで全社的な SNS 教育を行ってください。

第3章

トラブルを防ぐ SNS・ネット発信のポイント

―― 火種になりにくい情報発信を

発信する内容のチェック

トラブルになりやすい内容を知っておこう

主に3つの内容に要注意

1 ジェンダーや多様性

例
- LGBTQ＋に関する内容
- 性差・性役割を示すもの
- 性的に表現するもの
- 人種・国籍による差別
- 年齢による差別・偏見

近年は特にLGBTQ＋など性の多様性、ステレオタイプな男女の役割意識、性的行為を連想させるものの炎上が増えている。性差、年齢、人種などあらゆる観点から差別にならないよう慎重さが求められる。

企業には公平な立場が求められます

議論になりやすいテーマは炎上リスクがある

「バズる」と「炎上」は、どちらもネット上で注目・拡散されることをいいますが、一般に「バズる」はポジティブな盛り上がり、「炎上」はネガティブな意見や非難が集中する状況を指します。

企業が発信する際は、炎上する要因がないかどうか慎重にチェックしなくてはなりません。

特に上の1と2で示した「ジェンダー問題」と「偏った思想や価値観」は、多くの人にとって敏感な話

2 偏った思想や価値観

例
- 時事ネタ
- 宗教・政治的なもの
- 特定の能力や立場を優先する思想
- 科学的に立証されていない内容

企業は中立に徹し、宗教や政治的思想のように人によって意見が異なるものは投稿しない。一般に流布していても、科学的に立証されていない説は避ける。

3 公序良俗に反する内容

例
- デマやうわさ
- 権利侵害
- 法律違反
- 他人の名誉やプライバシーを傷つけるもの

著作権侵害や名誉毀損《きそん》、個人情報の不正使用、誇大広告など、法律に反するものだけでなく、モラルに反していたり品位に欠けたりする内容になっていないかどうかも注意する。

題であり、激しい議論を巻き起こしやすいテーマです。

炎上を防ぐには、こうした話題にはあえて触れないことが賢明です。どうしても伝えたいメッセージがある場合には十分注意し、意図を明確に説明してください。

ネット・SNS上は公共の場という意識を持つ

「公序良俗に反する」行為をしないことは企業として当然です。特にネット上が公共の場であることを意識して、投稿内容が誰かを傷つけていないか注意しましょう。

上のほかにも、戦争や災害などの追悼の日に「おめでとう」などお祝いの投稿をすることも、バッシングの対象となります。

不適切な内容を避ける

発信する前にいろいろな人に意見をもらう

トラブルの主な原因

- 意図が伝わっていない
- そもそも内容に賛同できない

表現のしかたや説明不足から企業の意図が正しく伝わらず、認識の相違から思わぬトラブルを招くことがある。また、内容自体に偏りがあり、異なった意見を持つ人々が「納得できない」と、激しく反論することもある。

対策するには

発信前にいろいろな人で内容を精査する

担当者ひとりの見解や常識には限界がある。また、社内ではよく聞く表現や考えが世間一般には不適切な場合もある。できるだけ幅広い人たちから意見を募ろう。慎重にチェックすることで不適切な言動を防ぐことができる。

誰にでもわかりやすい内容・伝え方をする

炎上の大きな原因のひとつが「認識の相違」です。企業が意図していたこととはまったく別の受け止め方をされてしまい、一部の人を不快にさせてしまうことが多いのです。

特に近年は、世代や性別、育った背景などによって常識や感じ方が大きく異なります。担当者が「問題ない」と考えても、投稿後に大きなトラブルになることがあります。

企業のSNSやサイトは世界中の誰でも見ることができます。すべての人の目を意識する必要があるのです。男女問わず幅広い世代の人たちでチェックし、認識の相違の生じない内容にしてください。

SNS・ネットに投稿するときは知的財産権を侵害しないようにする

著作権がもっともトラブルになりやすい

商標権は商標登録をしないと発生しませんが、著作権は著作者が登録しなくても自動的に発生します。すべての創作物には著作権があります。何かを制作するときは、知らないうちに著作権を侵害する危険性があります。

販促物を大量につくった後で著作権侵害に気がつくと、回収や廃棄、新たなものをつくり直す手間やコストが膨大にかかってしまいます。発信する前に十分確認しましょう。

知的財産権の種類

1 著作権

登録不要　トラブルになりやすい

著作権

「著作物」を創作した者の経済的利益を保護する権利。複製や公衆への送信、第三者への譲渡・貸与などを著作権者以外に禁止することができる（⇒***P68***）。

著作者人格権

著作者の作品に対する思い入れを保護するための権利。公表の可否を決める「公表権」や著作者名の表記方法に関する「氏名表示権」、無断改変されない「同一性保持権」などがある。

著作隣接権

著作物を伝えるために必要な歌手や俳優といった実演家などに認められる権利。自分が演奏する作品の録音や放映などについて許可や報酬を得る権利がある。

2 産業財産権

登録や出願が必要

トラブルになりにくい

特許権

特許を受けた「発明」を一定期間独占的に実施できる権利。「発明」とは自然法則を利用した、新しく高度で産業上利用可能なもの。

実用新案権

物品の形状や構造、組み合わせに関する考案を保護する権利。考案は発明と異なり、高度であることは必要としない。

意匠権

独創的で美観がある物品や建築物、画像等について、その形状や模様、色彩などのデザインの実施を独占できる権利。実施には生産・使用・販売などが含まれる。

商標権

商品やサービスを区別するために使用するマーク、ネーミングを独占できる権利。文字や図形、立体形状やこれらの組み合わせが含まれる。

3 そのほかの知的財産権

育成者権

商号

など

品種登録された種苗を独占的に育成できる「育成者権」や営業秘密や商号保護のための権利、商標等の不正利用を禁じる規制などがある。

知ってておきたい

産業財産権も表面化すると炎上する

2020年東京オリンピックの公式エンブレムを、ベルギーのデザイナーが盗用だとSNSに投稿し炎上。このエンブレムは撤回に追い込まれた。また、ラーメンチェーンを運営する会社が、ある酒の銘柄が「商標権侵害」だとして醸造会社を訴え炎上した。企業間の問題は通常水面下で行われるが、SNSに投稿されると、世論を巻き込み炎上するケースがある。

知的財産権を守る②

イラストや写真は"フリー画像"でも著作権に注意

法的な罰則よりも炎上への対応が大変

著作権侵害と認められると、制作物の回収、公開差し止めに加えて損害賠償を請求されることがあります。最近は著作権侵害の可能性をSNSで指摘され、あっという間に拡散し炎上することが多いので、担当部署は訴訟だけでなくSNSでの対応にも追われます。

また、著作権侵害には「盗用」といったネガティブなイメージもあり、企業の危機管理の甘さがイメージダウンにつながることがあります。

やってはいけないこと

✖ コピーやダウンロード

限られた範囲内の私的使用を除き、他人の著作物を無断で複製してはいけない。複製には印刷や写真撮影、コピー、録音、録画、ダウンロードなどが含まれる。コピーを社内で回覧する行為も侵害になる。

✖ SNS・ネットでの公開

他人の著作物を無断で公開する行為も著作権侵害となる。部分的でもほかのサイトの文章や画像、動画を勝手に掲載したり、録音・録画したものをネット上に公開したりすることも違法。

✖ 他人への譲渡

有償無償に関わらず、他人の著作物や複製物を無断で公衆に譲渡することは禁じられている。ただし、いったん適法に譲渡されると消滅するので、古本等の譲渡は適法。

✖ 二次的な作成

他人の著作物を無断で翻訳、変形、翻案して二次的著作を作成することは禁じられている。編曲や脚色のほか、著作物を原案として別の著作物を作成する行為も含まれる。

“フリー”をうのみにしてはいけない

フリーサイトにあった画像が無断転載で裁判に*

ある社員がフリーサイトから素材をダウンロードして自社サイトに掲載した。ところがその素材はサイト運営者が著作者に無断でアップロードしたものだった。著作権者から著作権法違反で訴えられ、損害賠償などを請求された。

画像を使った側の確認不足で賠償金を支払うことに

被告は「フリー素材としてダウンロードしたので適法だと思った」と主張したが、判決は「フリーサイトから入手した素材でも著作権法侵害のおそれがある以上、識別情報や権利関係を確認する責任がある。被告はそれを怠った」として賠償を命じられた。

＼フリーサイトを使うときのポイント／

利用規約をしっかり読む

著作権法では、著作物の利用について「その許諾に係る利用方法及び条件の範囲において」利用が認められる。フリーサイトも無条件でフリーというわけではないので、サイトの利用規約を確認し、その範囲内で利用する。

似たものがないか画像検索をする

無断転載された素材ではないか、念のため画像検索する。ほかのサイトに掲載されていたり、色違いなど類似画像が見つかったりする場合や、サイト内でイラストの作風が異なる場合は権利侵害の可能性を疑うべき。

＊東京地裁平成27年4月15日判決（アマナイメージズ事件）

知的財産権を守る③

SNS上の文章や口コミにももちろん著作権がある

“引用”以外のコピペや流用は違法

著作物とは「思想または感情を創作的に表現したもの」とされています。キャッチコピーなどの短いフレーズは著作物とされませんが、短くても創作的なものは著作物です。

たとえば、掲示板の書き込みをある出版社が書籍にしたところ「匿名の短い書き込みでも著作権は発生する」として、著作権侵害にあたると判断されました。[*1]

統計データやグラフは対象となりませんが、出典元は明記しましょう。

引用のルール

☑ 公正な慣行に合致しているか

引用方法などが社会通念上妥当であれば、「公正な慣行」となる。カギ括弧や引用符などを用いて、自分の文章と引用部分を明確に区別することや内容を改変しないことなどが考慮される。

☑ 目的上正当な範囲内か

自分の創作物が「主」であり、引用部分が「従」であるなど、引用する範囲や量が目的のために必要な範囲内であるといえることが必要となる。

☑ 引用元を明記しているか

著作権法では「出所の明示」として著作者名を示すことが義務づけられている。一般的には著作者名のほか書籍名や出版社名、サイト名やニュース元のアドレスなども明示する。

＊1 東京高裁平成14年10月29日判決（ホテル・ジャンキーズ事件）

各SNSの利用規約を確認する

1 コンテンツの権利者は誰か

ほとんどの場合、ユーザーがネット上に投稿したコンテンツの権利はそのユーザーに帰属している。利用規約を確認すると「自ら投稿したあらゆるコンテンツの権利はユーザーにある」などの規定が盛り込まれている。

SNS・サイトごとに
確認しましょう

2 拡散・引用するときのルールについて

SNSによってコンテンツの利用ルールは異なる。それぞれの利用規約に従おう。たとえば、スクリーンショット画像の拡散・引用などには注意が必要。

3 権利侵害時の報告先や対処法

侵害されたときの手続きは、各利用規約に記載されている。侵害を受けた画像をスクリーンショットなどで保存したうえで、著作権を侵害しているユーザーに連絡したり、運営者側に通報したりする。

知っておきたい

デマや権利侵害がある投稿は拡散した側も同罪

もとの投稿がデマだったり著作権侵害をしていたりした場合、拡散したユーザーも罪に問われることがある。あるカメラマンの画像がトリミングされ、著作者名の部分が非表示になって投稿された事案では、その画像を拡散したユーザーについて、最高裁は著作者人格権侵害と判断している＊2。

拡散する内容
にも注意しま
しょう

＊2　最高裁第三小法廷令和2年7月21日判決（発信者情報開示請求事件）

知的財産権を守る④

著作物を利用するときは必ず許諾をとる

3つのことに注意しよう

1 誰に許諾をとるのか

著作権の許諾は、著作権者からとる。著作権の所有者はひとりとは限らず、また、法人の可能性もある。きちんと調べて必要な手続きをとる。

権利者が何人もいる ⇒全員

著作物が共同で創作された「共同著作物」の場合、著作権を持つすべての人から許諾を得なくてはならない。

仕事でつくったもの ⇒企業

業務で創作した著作物は「職務著作」といい、著作権も著作者人格権も企業にある。外部に発注した場合は契約で決める。

原作があるもの ⇒原作者&二次的著作権者

原作をもとに創作され、二次的著作物の著作権者が第三者への利用許諾権を得ていない場合は原作者と二次的著作権者の双方の許諾が必要。

2 許諾をとる内容

- 二次利用をしてもよいか
- どの媒体で使用するか
- 要約の可否や改変の範囲

など

利用許諾契約を結ぶ際は、利用範囲、目的、利用方法、利用料、有効期間、地域などを定める。また複製や二次的創作の可否、第三者への利用許諾なども必要に応じて定めておく。

知っておきたい

もしも著作権を侵害してしまったら?

ある著作者の制作した画像が無断で有料素材サイトに転載され、それを広告代理店経由で購入した企業が広告に使用した。著作者が気づき「無断使用」だとSNSで指摘。企業は即座に配信を停止して著作者に謝罪。使用料の支払いを申し出た。すばやい対応で大きな炎上にはならなかった。

侵害してしまったら
ごまかしたりせず
すぐに対応しましょう

3 権利マークがなくても許諾をとる

©やCopyright Reservedは、記載された著作者が著作権を有していることをアピールするためのマーク。著作権は登録しなくても自動的に発生するものなので、マークの有無に関わらず許諾は必要。

例

©/Copyright Reserved
＝著作権

®＝登録商標

TM＝商標

これらのマークは単に権利をアピールするもので、表示の義務はない。

できれば書面で許諾をとろう

許諾をとるときは細かいところまで決めておき、それを文書に残しておかないとトラブルのもとです。

たとえば、どの範囲まで使用可能なのか、広告に使うなら、ネット上だけなのかそれともほかのブランディングに使ってもいいのか、ネット広告を印刷するのはどうなのか。色や画像など、変更はどの程度許されるのか、など。規定なしに使用すると著作権侵害になるおそれがあります。

なお、企業が従業員に指示して制作した職務著作の著作権は、原則として企業に帰属するため、制作した従業員が退職した後も、企業側は自由に著作物を利用できます。

ステマを防ぐ①

ステルスマーケティングを疑われないようにする

なぜ“ステマ”はダメなの？

消費者をだます

報酬や利益のともなう広告を一般消費者の客観的な評価のように見せかけて消費者を欺いている。

市場発展の阻害

ステマが増えることにより、本当によい商品が広まらず企業競争や市場の発展を阻害する。

2023年10月から違法になった

ステルスマーケティング（ステマ）とは、広告であるにもかかわらず、広告であることを隠す行為です。テレビや雑誌などでも行われることがありますが、近年はSNSユーザーが「ステマでは？」と気づいて発覚することがほとんどです。

2023年10月以降、ステマは景品表示法違反となり、違反した事業者は行政処分の対象となりました。対象は事業者のみで、投稿したインフルエンサーなどは含まれません。

何がステマにあたるの?

☑ 事業者の表示である

事業者が自社の商品・サービスの紹介や宣伝・広告のため、対価と引き換えに依頼した投稿は、基本的にすべて事業者の表示とみなされる。

☑ 一般消費者が事業者の表示であるとわからない

企業が関わった投稿であることがどこにも明示されておらず、一般消費者が「事業者の表示」だと気づくことができない。

2つにあてはまるとステマ!

ステマと認定されると事業者に措置命令が下される。措置内容は「違反した表示の差し止め」「違反したことを一般消費者へ周知すること」「再発防止策の実施」など。

＼SNS・ネットでの炎上にもつながる／

レビューの同時投稿でステマ疑惑に

あるアニメ映画の高評価レビューが、複数の漫画家からほぼ同時刻に投稿された。当時ステマは違法とされていなかったが、SNSで「ステマではないか」と疑念が起こった。

炎上して謝罪

投稿した漫画家はみな「試写会に招待されて描いた。PRだと表記すべきだった」と謝罪。ところが謝罪対応も酷似していたため、謝罪も広告代理店の指示なのではと批判された。

ステマを防ぐ②

ステマ規制のルールを正しく知ろう

広告のルール

1 “事業者が表示した広告”になる範囲は広い

ステマになる例

✖ 事業者が第三者になりすまして投稿

事業者が、自社商品の認知度や評価を上げる目的で個人アカウントから投稿。または自社製品と競合他社の商品を比較して低評価を下す。

✖ インフルエンサーに商品の特徴をレビューしてもらう

有名人やインフルエンサーなどの第三者に商品・サービスを無償または割引で提供し、事業者の意図に沿った商品紹介や高評価レビューをしてもらう。

✖ レビューすると利益があると暗示して投稿があった場合

事業者がインフルエンサーなどの第三者に対して、経済上の利益があることをほのめかしたうえで、商品紹介や高評価レビューをしてもらう。

2 1にあてはまる場合は わかりやすく広告だと示す

わかりやすい 言葉で大きく示す

「広告であること」「企業から提供された商品であること」などを誰にでもわかるように明示する。「# PR」「# 広告」などのハッシュタグは、ほかのハッシュタグとは別に表示するとよい。

“あいまいなもの”は すべてステマと考える

ステマ規制の対象となる「事業者の表示」の範囲は広く、担当者はその範囲を正しく理解している必要があります。

事業者が第三者の投稿内容の決定に少しでも関与している場合や、内容が第三者の自主的な意思と認められない場合は「事業者の表示」と判断され「広告」の明示が必要です。

また、インフルエンサーに無償で商品を渡したり、割引販売などの便宜をはかったりすれば、事業者が関与したとみなされて違反となります。

インフルエンサーを使う「こっそりマーケティング」は炎上を招き逆効果なので気をつけてください。

火種を消す①

トラブルになりやすい内容への感度を高めよう

X（旧 Twitter）でトラブルを知る

検索ページ

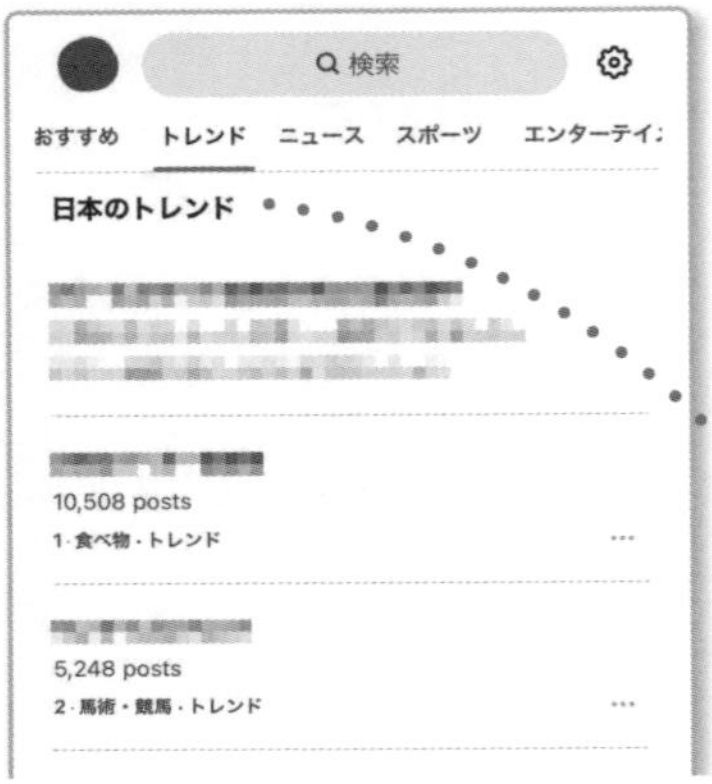

自社名やサービスを検索する

X（旧 Twitter）は炎上しやすいため、監視するとよい。検索ページから自社に関するキーワードを調べよう。

トレンドを確認する

投稿数が多いキーワードや今話題になっていることがわかる。炎上するとトレンドに入ることが多い。

批判的な投稿がある場合

自社の場合 ⇒ 対応する

他社の場合 ⇒ 原因から学ぶ

ネガティブな投稿は社内で共有し、必要があれば対応を。他社の事例もチェックしていると、炎上防止対策の参考になる。

火種を見つけて消し、炎上例から学ぶ

ネットは刻々と更新されるので、常時監視していなくてはなりません。とはいえ自社で24時間監視するのは困難なので、モニタリングサービスを提供する業者に委託している企業もあります。

自社で監視するには、定期的に検索したり、Googleアラート（⇒P80）を使うと効率的です。

他社のトラブルや炎上例にも注目し、同じ轍《てつ》を踏まないように社内でノウハウを共有しましょう。

Yahoo!リアルタイム検索*で分析する

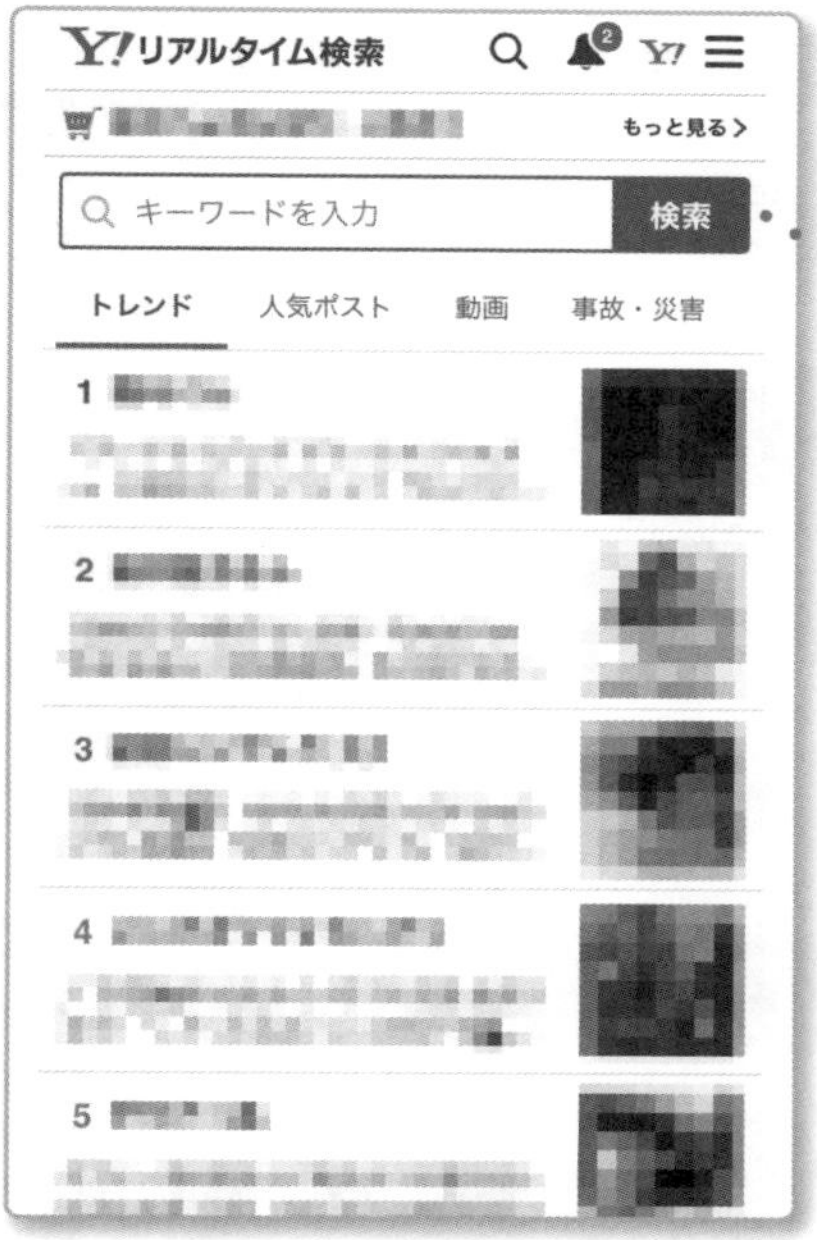

X（旧Twitter）に投稿された内容のうち、検索ワードに関連する内容を過去30日分検索できる。スマホ用のアプリもある。

検索やトレンドから ベストポストがわかる

検索ワードと適合性の高い投稿（ベストポスト）がわかる。また、検索ワードを含むポストのみを表示することができる。

気になるキーワードを分析できる

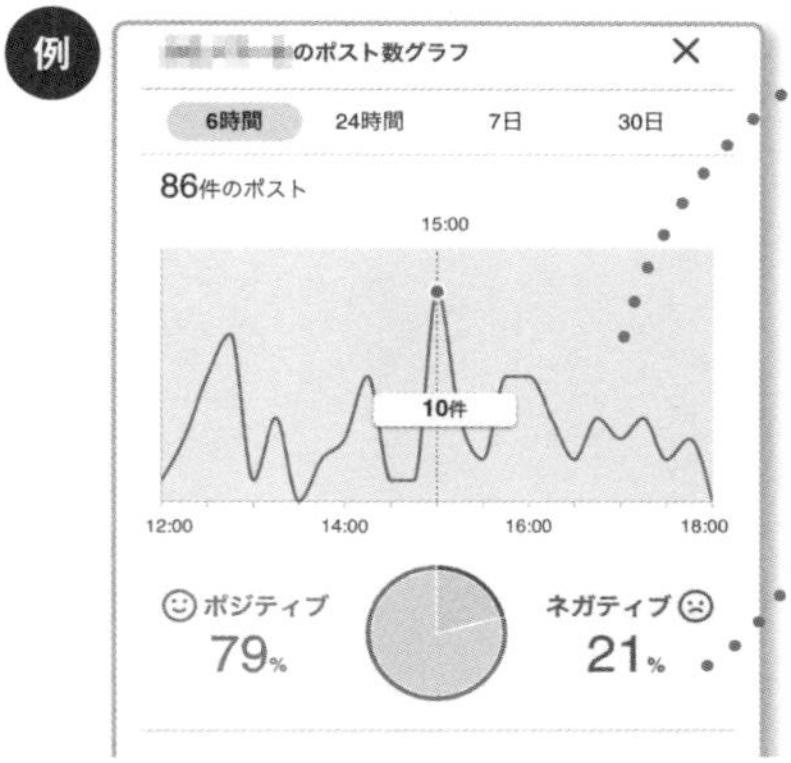

いつ、どれだけポストされたのか

検索ワードのポスト数の推移を時間帯ごとに表示できる。グラフにカーソルを合わせると、詳しい時間ごとのポスト数がわかる。

「バズり」なのか「炎上」なのか

検索ワードがどんな言葉とともに投稿されたかを判断。ポジティブが多ければ「バズっている」、ネガティブが多ければ「炎上している」と推察できる。

* https://search.yahoo.co.jp/realtime

火種を消す②

ネットを常時監視するシステムを導入しよう

Googleアラート*で監視する

Googleのサービス。特定のキーワードを登録し、そのキーワードを含む情報が投稿されたとき通知を受け取ることができる。Googleアカウントをつくれば無料で利用できる。

トラブルになる前に対処できる

キーワードを含む情報が投稿されると通知が届くので、炎上の火種をすぐにキャッチでき、トラブルを未然に防ぐことができる。配信先は複数設定できるので、複数の担当者で監視できるメリットもある。

監視することでトラブルを最小限に

SNSの監視は、火種の早期発見と炎上回避にとても有効です。

また、ネット情報に監視の目を光らせることは、企業にとって単なるトラブル回避以上の意味があります。

投稿は、いわば「お客様カード」のようなもの。批判や叱咤こそ、商品やサービスの質を向上させるための貴重なアドバイスということができます。

炎上を防ぐだけでなく、SNSの効果的な利用法も意識しましょう。

＊ https://www.google.co.jp/alerts

Googleアラートを設定しよう

1 ページを開く

検索エンジンで「Googleアラート」と検索してページを開く。

2 ログインする

ここからGoogleアカウントにログインする。

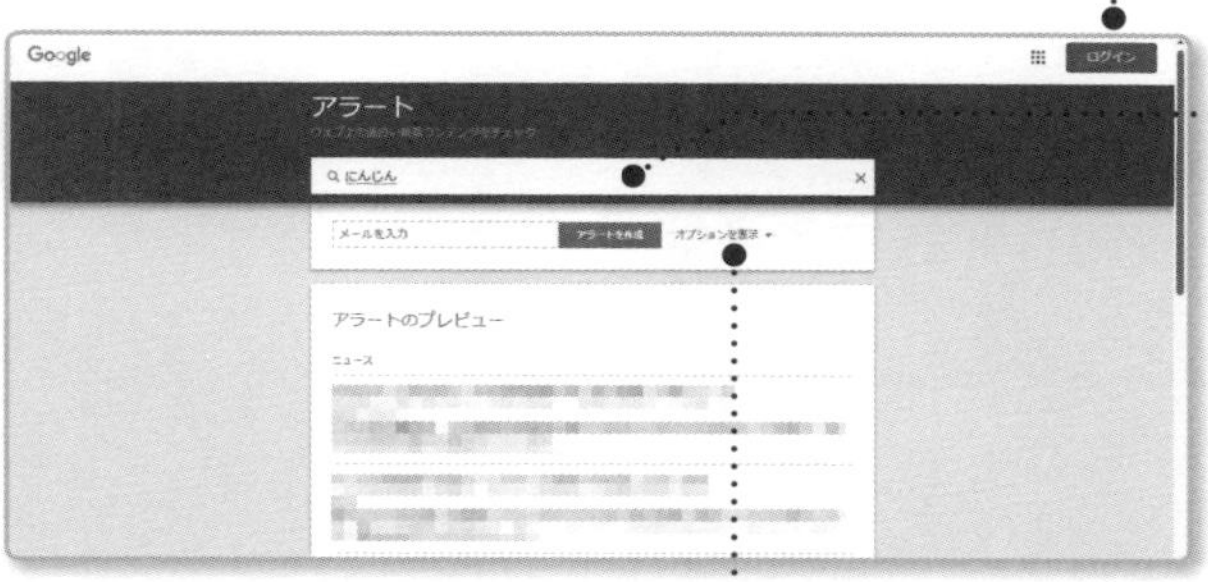

3 企業名やサービス名などキーワードを設定

通知を受け取るキーワードを設定する。新サービスの名前など随時追加する。

4 オプションを表示して設定する

頻度を選ぶ。

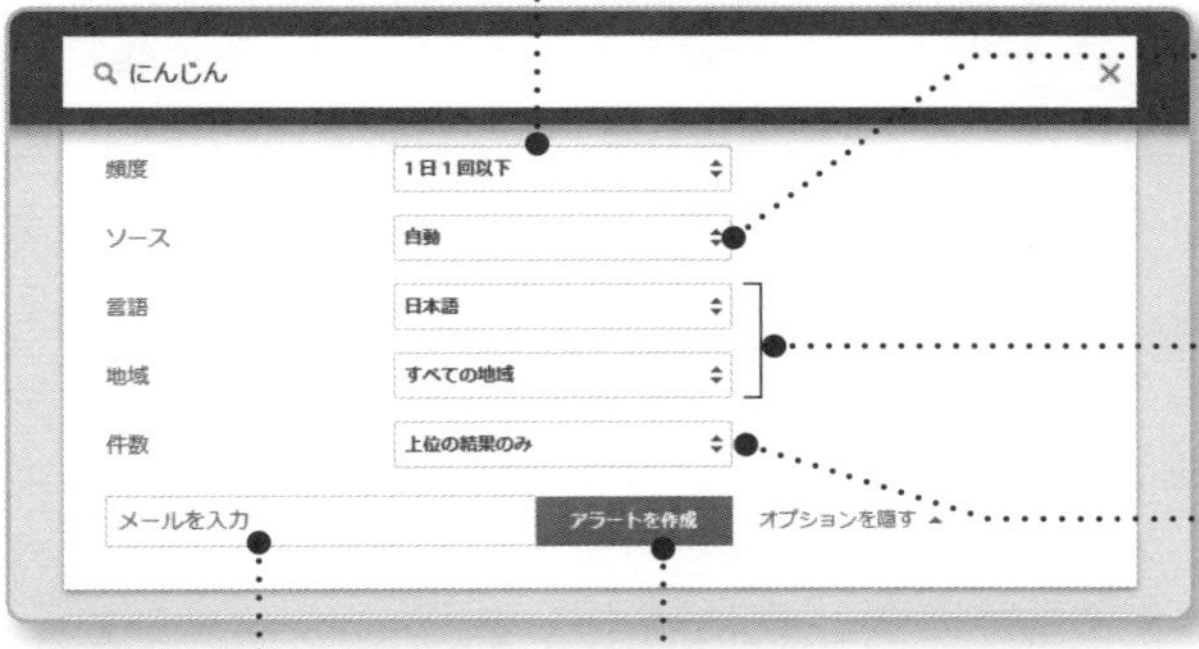

「ニュース」「ブログ」など、どの媒体に載ったら通知を受け取るか設定する。

対象の言語と地域を選ぶ。

表示件数を選ぶ。

通知を受け取るメールアドレスを選ぶ。アカウント設定からメールアドレスを追加すれば、Gmail以外も設定できる。

5 設定したら作成をクリック

設定した条件にあてはまる場合、通知が来るようになる。

COLUMN

Question

AIやChatGPTがつくったイラストや文章は自由に使えますか?

Answer

利用規約内なら自由に使えますが、誰かの著作権を侵害してしまう可能性も。

AIやChatGPTがつくったイラストや文章などの素材について、文化庁では「AIが自律的に生成したものは著作物に該当しない」としています*。

ただし、既存の著作物との「依《い》拠性《きょせい》」と「類似性」が認められる場合には、既存の著作物の権利を侵害するおそれがあります。

「依拠性」とは、「あるものをもとにつくったこと」を指し、「類似性」は、「著作物が似ていること」を指します。

たとえば、あるAI画像が誰かのイラストを大量に読み込んで学習させたAIによって生成されたイラストの場合、それは「依拠性」があると考えられます。そして、そのイラストにもとのイラストとの「類似性」があるならば、そうとは知らずに利用してしまった人も著作権侵害に問われる可能性があるわけです。

AIの生成物に関する著作権については、まだ法整備が追いついていないところもあり、今後どのようなルールになるのか注視が必要です。AIやChatGPTの素材だからといって安易に利用して、著作権侵害で訴えられないように気をつけてください。

第3章で述べたように、AIやChatGPTの素材であっても、利用規約を読み、使用前に検索して似ているものがないか確認するようにしましょう。

＊文化庁『AIと著作権』（令和5年）より

第4章

トラブルを
おさめる適切な
対応を知る

―― 今後の経営にはトラブル後の対応が肝心

トラブル対応の手順

トラブルが起きたときの流れを知る

トラブル対応マニュアル

事実関係・状況の確認

トラブルの原因や現状を正確に把握する。社内だけでなく、ネット上の状況も確認を（⇒*P86*）。

トラブルに対応するかどうか考える

トラブルに対応するかどうかを検討する。対応する場合は、その理由や必要性を確認して、どんな対応をすべきか戦略を練る（⇒*P88*）。

おおまかな対応マニュアルをつくろう

トラブルが発生したら、速やかに事実関係を把握し、対応しなくてはなりません。少しでも早く対応できるよう、おおまかでよいので、対応マニュアルを作成しておきましょう（上図参照）。具体的な対応はトラブルごとに考える必要があります。

軽微な炎上には対応しないという選択肢もありますが、ネット情報は基本的には永久に残るものです。虚偽や誹謗中傷が含まれていれば、迅速に対応することをおすすめします。

静観する

状況に応じて対応へ

対応する

＼自社に非がない／

反論

ウソや迷惑行為などが原因で謝る必要がない場合は、正しい情報や事実関係を説明する。ただし、言い訳にならないよう注意（⇒*P91*）。

＼自社に非がある／

謝罪

自社に原因がある場合は、謝罪し今後の対応などを説明する。トラブルのなかでウソの拡散などがあればそれは訂正する（⇒*P90*）。

弁護士に頼むことが多い

発信者の特定

ウソや迷惑行為があれば、責任追及を考える。そのために相手を特定する（⇒*P118*）。

自分でもできる

投稿・ネット記事の削除

原因となった投稿やトラブルを紹介するネット記事などを削除する。トラブルがある程度おさまってから行う（⇒*P102*）。

責任追及

＼民事／

損害賠償請求

相手方にトラブルによる被害を賠償してもらう（⇒*P120*）。

＼刑事／

刑事告訴

捜査機関に対して、相手方の捜査・起訴を求める（⇒*P122*）。

状況の把握と事実確認

トラブルの内容と状況をネットと現実で確認する

ネット上で状況を調べる

ネットで検索して、トラブルの原因や程度を調べる。調べるときはネットニュースやまとめサイトだけでなく、もとになった投稿までさかのぼる。

●5W2Hを確認しよう

5W1H

- When（いつ）
- Where（どのSNS・ネットで）
- Who（誰が）
- What（何について）
- How（どんな言動をしたか）
- Why（その理由）

＋

- How（批判に対してどんな言動をしたか）

5W1Hとともに「投稿を削除した」「批判に反論した」など、批判に対してすでにとった行動も確認する。今後対応する際に、矛盾やさらなるトラブルを生まないために大切。

事実かどうかヒアリング・調査する

ネット上で確認したことが正しいかどうか確認する。社内での調査のほか、投稿者にも連絡をとって詳しくヒアリングをする。

＼ポイント❶／

証拠を保存する

事実関係を正確に把握するために、写真や動画、音声、書類、投稿のスクリーンショットなどはすべて保存する。法的措置をとる場合にも役立つ。

＼ポイント❷／

中立の立場に立つ

把握している状況をデマまたは事実だと断定して、調査やヒアリングを進めない。あくまでも確認中として、中立の対応を心がける。

確認が不十分だとさらなる炎上に

最初に行うのは、事実確認です。確認には「いつ、どこで、誰が、何について、どんな風に、その理由」という5W1Hが基本ですが、それに加えて、もうひとつのH（HOW：批判に対してどんな言動をしたか）も確認しておきましょう。

炎上は、最初の火種に対して感情的な反論をしてしまったことから燃え広がることがあります。事実関係を正しく把握しないうちに感情的な対応をとってしまうと、その後の対応と矛盾が生じたときにさらなる炎上を招いてしまいます。

初動対応が適切だったのかを含め、現状を確認しましょう。

対応を考える①

トラブルへの対応が必要かどうか考える

トラブルの影響力を正しく判断しよう

一般に炎上は、放っておいても数日から1か月程度でおさまるので、手間や費用を考えると放置が得策だという見方もあります。

ただし、企業の信用を失墜させたり、生命や健康に関わったりする場合には、速やかな対応が必要です。自社に非があれば、直ちに謝罪すべきでしょう。

静観すると決めたときも、状況をこまめに確認し、必要に応じて対応を切り替えましょう。

判断材料は主に3つ

1 トラブルの内容

- 自社の商品やサービスに関わる
- 個人の生命や健康に関わる
- 二次被害が予想できる
- 役員などが関わる
- 法律に違反している
- 自社に非がある
- ウソが広まっている

トラブルの内容が上記にあてはまる場合は、企業への影響とトラブルの規模も確認して対応を検討する。ウソが広まっているときは早急に訂正しておかないと、ネット上に間違った情報が残り続けるため対応が必要。

2 企業への影響

- 企業の信用がなくなるか
- 顧客離れを招くか
- 公表しないことが隠ぺいになるか

1にあてはまる内容で、経営していくうえで悪影響をおよぼす場合は対応が必要。隠す意図はなくても公表が遅れると「隠ぺい」といわれることも。

3 炎上の規模

- まとめサイトがあるか
- 報道されているか

トラブルに関するまとめサイトができている場合、トラブルの規模が大きいといえる。また、テレビや新聞などのマスメディアで報道されている場合も何らかの対応が必要。

＼3つのことを総合的に判断／

対応する

何らかの対応が必要だと判断すれば、すばやく適切に対応することがトラブル収束の近道。

自社に非がない → **反論する** (⇒*P91*)

自社に非がある → **謝罪する** (⇒*P90*)

静観する

小さなトラブルの場合、対応すると目立って逆効果になることも。今後トラブルが大きくならないか注意が必要。

例 ひらがな表記で炎上!?

あるキャンペーンで「けんこうになろう」と「健康」をひらがな表記にしたところ「バカにしている」と批判が。しかし、批判数は少なく対応せずとも収束した。

必要に応じて対応する

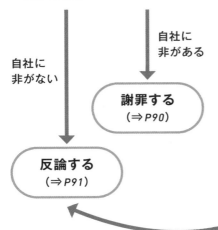

対応を考える②

うまく対応するために戦略を練ろう

謝罪か反論か選ぶ

1 謝罪するとき

トラブルになっているということは、何かしら企業に非がある場合が多いので、謝罪するのが一般的。

＼謝るだけじゃない／

謝罪

↓

現状や原因の説明

↓

再発防止策や処分について

謝罪だけでは炎上はおさまらない。把握している事実関係や調査結果、再発防止策などについての説明も必要。

大多数の人が納得できる対応を選ぶ

対応の姿勢には「謝罪」と「反論」の2つがあります。

謝罪時に「誹謗中傷には法的措置をとります」などというと「反省しているのか」と、再度批判されかねません。謝罪のときは、状況や再発防止策の説明にとどめましょう。反論は、しっかりした根拠が示せる場合に限って行います。

謝罪も反論も、全員を納得させるのはほぼ不可能です。大多数の人が納得できる対応を考えましょう。

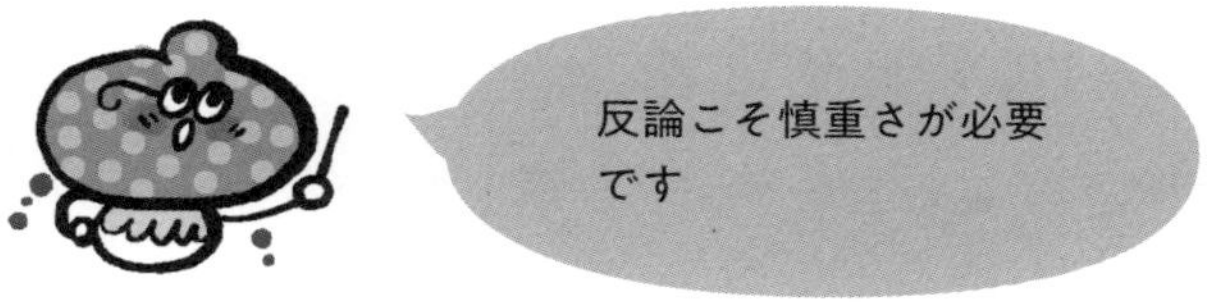
反論こそ慎重さが必要です

2 反論するとき

自社に非がないときやウソが広まっているときは訂正する。ただし、反論によって批判が加速することもあるので、慎重に行う。

説明させてください!
根拠

反論してもよいとき

- **炎上した直後である**
- **反論に根拠がある**
- **第三者による裏づけがある**

時間が経つほど、反論が言い訳じみてきて、納得されにくくなる。反論はすばやく、説得力のある根拠をもって行う。

知っておきたい

うまく反論すればイメージアップになる!

例1 自社の考えを丁寧に説明し支持される

ある飲食店が離乳食を無料で提供すると「子連れが増えて迷惑」「ひいき」と批判が。企業理念に基づき中止しないことや特定の客を優遇せずサービス向上に努めることを発表し、企業が擁護された。

例2 虫の混入に非がないことを証明

ある食品メーカーで、商品に虫が入っていたことに「保存状況で虫が侵入することがある」と公的機関の説明に基づいて反論。第三者による証拠を示したことで批判はおさまった。

対応を考える③

適切に対応するための準備をしよう

適切な方法を選ぶ

＼ 基本 ／

ニュースリリース

ホームページにPDFなどで謝罪文や説明文を掲載する方式。事実関係や今後の見解など、トラブルの全般的な説明や謝罪をする。公式アカウントでも同じ内容を投稿して広く告知するとよい。

＼ 被害者がいるとき ／

個別対応

被害者がいるときは、公に向けた謝罪だけでなく、個別に謝罪や説明を行う。必要があれば、個別に被害者への補償も行う。

＼ 大きく報道されたとき ／

記者会見

個別のメディア対応には限界があり、統一的な情報発信の必要もある。特に、健康被害や企業の不祥事などがあり、報道されている場合に有効。

公表した後のことを考えて準備する

企業の立場を公式に表明すると、メディアや個人からさまざまな意見や質問が寄せられます。想定される質問とそれに対する統一した回答を準備しておきましょう。問い合わせは担当部署以外に来ることもあり、対応がバラバラだと、それをネタに炎上しかねません。問い合わせは担当部署に引き継ぐことを徹底します。

対応に迷うときは、弁護士に謝罪文の確認などを依頼します。顧問弁護士がいればぜひ相談しましょう。

対応後の質問に備える

＼想定問答集／

○○の件について

Q ——————

A ——————

Q ——————

A ——————

聞かれそうなことをすべてあげる

例

- 現状は？
- 責任の所在は？
- 発覚の経緯は？
- 被害をどうするか？　など

公表する情報に対しては、それを深く掘り下げる質問が来る。さまざまな角度から質問を想定しておこう。

全体で矛盾がないようにする

回答する内容が全体を通して矛盾していないかどうか確認しよう。矛盾があると、回答自体の信頼を下げることになる。

答えはそのまま読み上げられる形で

想定した質問に対して、確認できている事実だけで回答をつくる。回答の間違いや言い回しなどによる誤解を防ぐため、そのまま読み上げられる文章でつくる。また、NGワードが含まれていないかも確認する（⇒P97）。

知っておきたい

“一般人の取材”に要注意

メディアではなく、YouTuberなどの一般人が電話やメールで企業に突撃取材をする「電凸」や「メル凸」が増えている。対応をおろそかにすると、録音やスクリーンショットでリークされて、さらに炎上することも。断るのではなく、作成した想定問答集をもとに対応する必要がある。

うまく
対応する
コツ①

どんなトラブルでも対応中の態度に細心の注意を

不適切な対応でよけいなトラブルを生まないように

ＳＮＳ対策は広報活動の一環ですが、平時と炎上時にはそれぞれ異なる対応が求められます。

なぜなら、平時には内容が好意的に受け止められると想定して発信できますが、炎上時には世間から厳しい視線が注がれているので、対応を間違えると企業イメージを著しく低下させるおそれがあるからです。

トラブル対応では、①正確、②誠実、③迅速、④議論しないの４点を徹底してください。

炎上対応　4つの心構え

○ 正確に説明する

✖ 憶測で話す

把握していない範囲について、憶測で説明せずに理路整然と行う。そのためには、状況と事実確認を徹底し、正確な情報を収集することが大切（⇒*P86*）。

○ 誠実に対応する

✖ ウソをつく

トラブルをこれ以上大きくしたくないという考えから「すべてを公表しない」「ウソをつく」などの不誠実な行為はしない。これらの行為は後の対応と矛盾することが多く、ウソが明らかになったときにトラブルが長引く。

知っておきたい

炎上後の“態度”がその後を左右する

○ 数時間で対応したことで、すぐにおさまる

ある飲食店で、アルバイトが不適切な動画を投稿し炎上。その数時間後には謝罪文を公表し、２日後には事実関係とアルバイトの処分、再発防止策などについて説明。早急な対応だったため、炎上は数日程度でおさまった。

✖ 対応が遅く不誠実でさらに悪化

ある食品メーカーでは、異物混入が発覚してから記者会見まで10日間以上かかり、批判された。また、会見でも「だまされた」など責任転嫁する発言が多く、不誠実な対応だったため炎上した。

よい態度と評価されるために右の４つを守りましょう

○ すばやく対応する

✖ 準備がすべて整うまで待つ

時間が経つほどに、憶測やデマが広まったり、過去の出来事が掘り返されたりして被害は大きくなる。また、責任から逃げているともとらえられる。「事実の確認中」などと何かしら公表するとよい。

○ 議論しない

✖ 批判に質問したり反論したりする

批判している人は「自分の意見が正しい」と考えているため、議論できないことが多い。特に「業界的には常識」などと開き直るような態度はさらに批判が強まるので避ける。

うまく
対応する
コツ②

謝罪するときは逆ギレや言い訳をしない

逆ギレする企業は意外と多い
謝ればいいんでしょ!!
誤解を招いてしまい……
この度はお騒がせしてしまい……
○○のつもりでしたが結果として……
ごめんなさい

問題点や謝罪の理由が不明確で「何を謝っているのかわかっているのか」と問い詰めたくなるような謝罪をする企業も。謝罪が不適切で炎上することは多い。

言い訳などはせず謝罪に徹するのが大切

炎上をおさめるもっとも効果的な方法のひとつが謝罪です。非を認めて謝罪すると、法的責任を追及されるのではないかと考える人もいますが、炎上したときの謝罪は社会的責任としての謝罪です。ほとんどの場合、法的責任は問われません。

　謝罪の意図を明確に伝えるには、言い訳をせず、冒頭に謝罪を述べることです。「遺憾」「誤解を招いた」などのNGワードを使わないように注意してください。

謝罪するときのポイント

1 はじめに謝る

最初に言い訳や説明をしない。本心からの謝罪だと示すため、必ずはじめに謝罪する。

2 謝っている理由を明確にする

トラブルの原因から自社にどんな問題点があるのかを明確にする。「世の中を騒がせた」など抽象的な内容ではなく、具体的にどんな被害があったのか把握して謝罪する。

3 責任転嫁しない

自社も被害者である、従業員や原因となった投稿をした人に責任があるような言い回しはしない。自社に責任があると言い切る。

4 NGワードを決める

確認中で伝えてはいけないことや謝罪にならないワードをNGとして決めておく。特に「遺憾に思う」は「残念に思う」という意味で、謝罪ではないのでNG。

知っておきたい

謝罪文がコピペで炎上!?

従業員がプライベートで不祥事を起こして企業にも被害がおよんだ事案では（⇒*P29*）、企業が謝罪文を公式サイトに発表した。しかし、ネット上の謝罪文のひな形と同じものだったため炎上。「手を抜いている」ととらえられないよう、トラブルに合ったものをつくるようにする。

うまく対応するコツ③

原因になった投稿・アカウントの処分を考える

削除前に必ず社内で検討する

投稿やアカウントの削除は、責任放棄だと炎上することがあります。しかし、炎上した投稿を残し続けると、「反省がない」と批判される原因にもなります。そのため、削除するかどうかを速やかに判断し、削除するならその理由を説明しましょう。

なお、削除する場合でも、今後の対応などを考えるために、記録は残しておきます。投稿もアカウントも、従業員が個人の判断で削除しないように注意喚起が必要です。

投稿の削除

従業員・公式アカウントの投稿の場合

➡ **すぐに消す**

従業員や公式アカウント担当者などの不適切な投稿が原因のときは、なるべく早く削除させる。ただし、今後の対応のため、投稿内容は記録しておく。

一般の人の投稿の場合

➡ **トラブルがおさまってから削除を依頼する**（⇒P102）

従業員以外の投稿が原因の場合、削除依頼が「隠ぺいしようとしている」とさらされて、炎上が大きくなることも。トラブルがおさまってから削除を依頼しよう。自社に非がない場合は、投稿者が批判を受けて自ら削除することも多い。

炎上したアカウントの削除

従業員の個人アカウント

→ 炎上したアカウントだけでなく裏アカウントもすべて消す

炎上したアカウント以外にも使用しているアカウントがあれば、個人情報の特定やさらなる炎上を防ぐためにすべて削除させたほうがベター。

役員などの個人アカウント

→ 謝罪後に削除を検討する

謝罪後、しばらくは投稿を控える。場合によってはアカウントを削除する。なお、いきなり削除すると批判されることが多い。

企業の公式アカウント

→ 原則として消さない

謝罪や説明をするときに使用するため削除しない。普段はネタ的な投稿をしている場合、トラブルがおさまるまでは投稿を控える。

知っておきたい

削除に対する批判はその後の説明で解消する

投稿やアカウントの削除を「隠ぺいした」「責任から逃げた」と考える人がいる。しかし、投稿が広まったり、アカウントを削除せずに個人情報の特定や過去の言動を批判されたりする可能性を考えると、削除するのがよい。削除後はトラブルの原因説明や改善に取り組むなど、真摯に対応することで、削除に対する批判はおさまる。

削除したことへの批判は付随的なことなのでおさまりやすいです

うまく対応するコツ④

懲戒処分をするときは慎重に検討しよう

処分は重すぎても軽すぎてもトラブルのもと

従業員が不適切な投稿で炎上し、企業に損害を与えた場合には、就業規則に基づいて処分を検討します。

懲戒処分をするときは、左ページの要件をすべて満たす必要があります。重すぎる懲戒処分は無効になることがあるので、注意しましょう。

また、処分が軽すぎる場合も「会社に迷惑をかけたのに何の処分もないのか」と、社内に不満が残ります。世間に知られて、バッシングを受けることもあります。

SNSでの不適切な投稿が原因で懲戒処分をする場合は、けん責や反省文、一定期間の出勤停止などが一般的です。

損害の程度が大きい場合や素行が悪い場合には懲戒解雇もあり得ます。しかし、その有効性を争われるケースも少なくありません。

懲戒解雇が無効となれば、さかのぼって過去の給与を支払う必要などが生じてきます。

従業員の身分を失わせる方法には、普通解雇や論旨解雇、自主退職など複数あり、懲戒解雇にこだわらず考えるようにしましょう。

懲戒には3つの条件が必要

☑ 就業規則に懲戒処分の根拠がある

懲戒処分は就業規則に基づいている必要がある。対象になる行為や処分の種類の定めがなくてはならない。また、その就業規則が周知されていることも必要。

☑ 懲戒事由にあてはまる事実がある

懲戒事由にあてはまるときのみ有効。業務外の行為でも、企業秩序を乱すなどの行為は懲戒事由になる（⇒***P55***）。

☑ 処分の内容が社会通念上相当な範囲内である

違反した内容に対して、処分が重すぎると無効になる。「社会通念上相当な範囲内」の明確な基準はない。判断するときは、反省の態度や弁明の機会の有無、手続きの正当性、前例や他社との平等性なども考慮する。

＼処分の重さを決めるときのポイント／

業務内容とトラブルに因果関係があるか

トラブルの原因になった言動が、業務をするうえで問題になるかどうかを考える。たとえば、飲食店の従業員が休日にスポーツを見て感想をSNSに投稿しトラブルになった場合、業務に関わることではないため処分は軽くなる。

企業側に原因があるか

経営体制やルールづくり、従業員への教育など、企業が普段からトラブルの予防に努めていたかどうか考える。トラブルが起きた原因として、企業側にも責任がある場合は従業員の処分を軽くする。

ネットの火を消す

ネット上の対策で炎上を少しでも消していく

ネガティブな投稿や記事は放っておかない

投稿や記事は、いったん炎上すると、何もしなければ半永久的にネット上に残ってしまいます。トラブルがおさまったら、削除依頼をするなど、何かしら対策することをおすすめします。

削除にはサイト管理者に削除を求める方法や、権利侵害を根拠に法的に削除を求める方法があります。

また、ネガティブな投稿が検索結果の下位にくるようにする「逆SEO対策」も効果的です。

ネガティブな情報を見にくくする

1 書き込みなどの削除

マイナスなイメージを払拭するためにネガティブな投稿やネットニュース、サイトを削除する。削除するにはいくつかの方法がある（⇒**P105**）。なりすましアカウントがある場合は、早急に削除する。

知っておきたい

SEOって何？

SEOはSearch Engine Optimization（検索エンジン最適化）の略。検索エンジンで検索したとき、自社のサイトが上位に表示されるように対策することをいう。サイトのキーワードやリンクを工夫したり、更新頻度やサイト自体の価値を高めたりすることで検索結果が上がる。

検索結果で上にくる!
ドーナツ　おすすめ
aaaaa.co
https:xxxxxxxxxxx
【公式】〇〇ドーナツ

2 逆SEO対策

New
ブログ
キャンペーン
New

新しくポジティブな情報を発信したり、すでにあるポジティブなサイトの順位を上げたりすることで、相対的に古いネガティブな情報を検索結果に出にくくすること。ブログの更新や新たにサイトをつくることで対策できる。

＼注意したい！／

代行業者には引っかからないで

投稿の削除や人物の特定は、誹謗中傷された本人か弁護士にしか認められていない。「書き込みの削除」や「書き込んだ人物の特定」ができると銘打っている業者は法律違反なので依頼しない。わざとマイナスな記事を発信し、それを消すというマッチポンプ商法の可能性も。逆SEOなどの対策を業者に依頼するときは注意しよう。

炎上直後の営業には要注意です

情報の削除①

削除できるものとできないものがある

削除するための要件

●権利侵害が必要

削除するためには、その前提として権利が侵害されていなくてはならない。権利侵害がない場合でも削除依頼はできるが、削除されにくい。なお、不快・不利益であることは権利侵害とは必ずしも一致しない。

例

A社はサービスが悪い。
もう利用したくない。

感想 ➡ **削除できない**

個人的な感想の場合、名誉毀損《きそん》や営業妨害とはいえず、削除できない。

A社は裏金経営。
社長は女優と不倫してるし。

名誉権侵害

料理に虫が!
店内も虫だらけ。

営業権侵害

➡ **削除できる**

ウソや迷惑行為などによって、権利侵害があれば、削除が認められる。

削除方法によって条件は厳しくなる

\ レベル❶ /

削除フォームから依頼する

各SNSやサイトの問い合わせフォームなどから削除を依頼する方法（⇒ ***P108***）。権利侵害がないと削除されないことが多い。

\ レベル❷ /

送信防止措置依頼をする

プロバイダ責任制限法*に基づいて、サイト運営者やサーバー会社に削除を依頼する方法（⇒ ***P110***）。侵害されている権利の種類は問わない。

\ レベル❸ /

裁判所に削除請求をする

裁判所を通じて、サイト運営者やサーバー会社に削除を請求する方法（⇒ ***P114***）。侵害の対象になるのは人格権のみで、裁判所が権利侵害を認めれば削除される。

要件は厳しくなるが効果大

＊2025年5月17日までに「情報流通プラットフォーム対処法」に名称が変わる。

個人の感想は削除できない

人には「表現の自由」があるため、削除できる情報には限りがあります。依頼すれば、任意で削除されることはあるかもしれませんが、事実に基づく個人的な感想は削除困難です。

削除には、上記のように3つの方法があり、一般的には、段階を踏んで削除を依頼していきます。

まず、サイト運営者へのメールや問い合わせフォームなどから削除を依頼します。フォームがなかったり、連絡しても対応してもらえなかった場合は、「送信防止措置依頼」をします。それでも解決できなければ、弁護士に依頼して、裁判所へ削除請求を行ってもらいます。

削除が認められる権利の例

1 名誉権

人格権のひとつ。品性や名声、信用などの社会における客観的な評価が名誉にあたる。法人にも認められている。ある行為によって社会的な評価が下がると、名誉が侵害されたということになる。

例

A社は不正してる!
証拠は↓
https://*************

ウソの流布など

＼裁判では認められない／

2 営業権・業務遂行権

一般的に営業妨害とされるような、経済的な利益を侵害する行為があれば、営業権・業務遂行権の侵害と言える。法律上の明確な定義はない。

例

バイト先の冷蔵庫入ってみた

迷惑行為など

＼注意したい!／

名誉権侵害が成立しないこともある

- ☑ **公共の利害に関わる**
- ☑ **公益をはかる目的がある**
- ☑ **内容が真実**

↓ 3つともあてはまる

権利侵害ではない

左の3つの条件を満たすとき、公表した内容が名誉権を侵害することよりも、社会的に利益になるため、権利侵害にはあたらないとされる（違法性阻却事由）。たとえば、食品の偽装を指摘した場合、それが事実で証拠があれば、公的な利益の観点から隠すよりも公表したほうがよいので権利侵害にはあたらない。

3 著作権・著作者人格権

知的財産権のひとつ。自社の著作物をコピーされたり、複製されたりしている場合は著作権の侵害になる(⇒P66)。特に、ネット上で権利が侵害されている場合、著作財産権のひとつである「公衆送信権」の侵害にあたる。

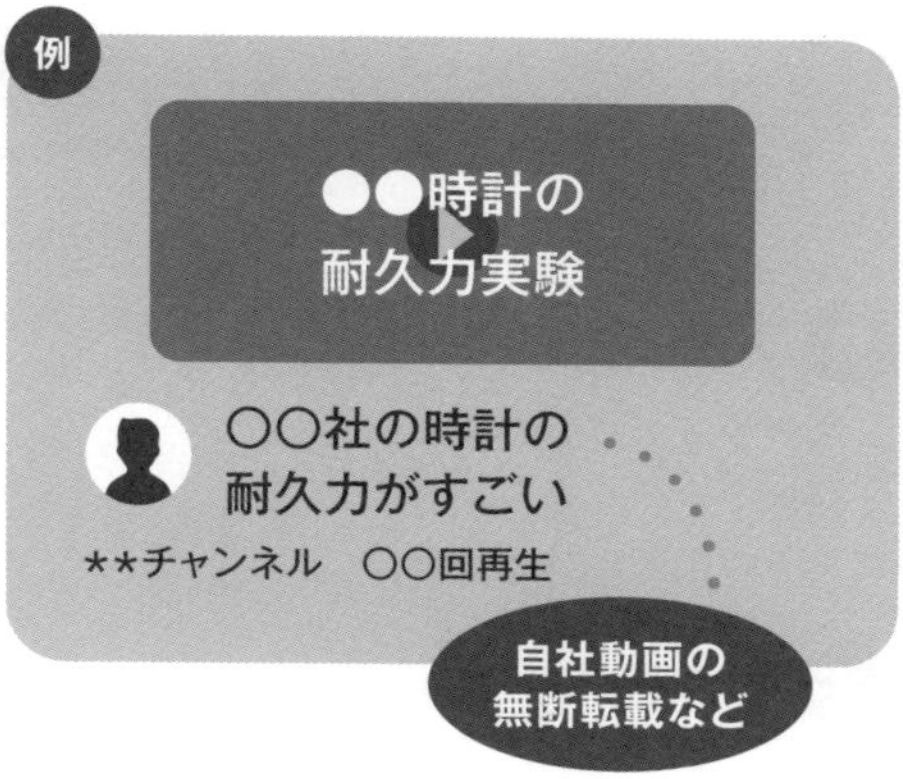
例
●●時計の
耐久力実験
○○社の時計の
耐久力がすごい
**チャンネル　○○回再生
自社動画の
無断転載など

4 商標権

知的財産権のひとつ。登録した商標が他社に商業的に利用されている場合に侵害されたということになる。商標登録した商品やサービスが批判されている場合、商業的に利用しているわけではないので、商標権侵害にあたらない。

一般的には、企業間で水面下で交渉することが多いため炎上しにくいですが、表面化すれば炎上することも(⇒P67)

知っておきたい

“不正競争防止法”に反するときも削除できる

1. 似た商品・サービスとの誤解や混同を招くもの
2. 営業秘密を侵害するもの
3. 限定的な提供をはかるデータを流出するもの

権利侵害のほかに、不正競争防止法に違反している場合についても削除の依頼をすることができる。主に、左の３つにあてはまる場合は、不正競争防止法違反。ただし、それぞれ保護されるための要件を満たす必要がある。

情報の削除②

専用フォームから削除を依頼する方法

書き込みを通報・報告する

SNSやサイトによっては、問題のある投稿やアカウントをサイト運営者に報告・通報するシステムがある。運営者が内容を判断して削除する。

例 X（旧Twitter）

ポストやアカウントごとに問題を報告できる。なりすましアカウントの削除は比較的早い。

1 ここをタップ

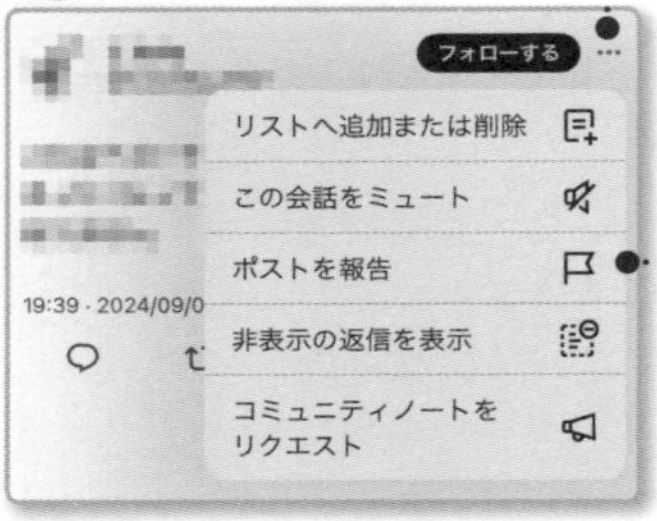

2 ポストを報告

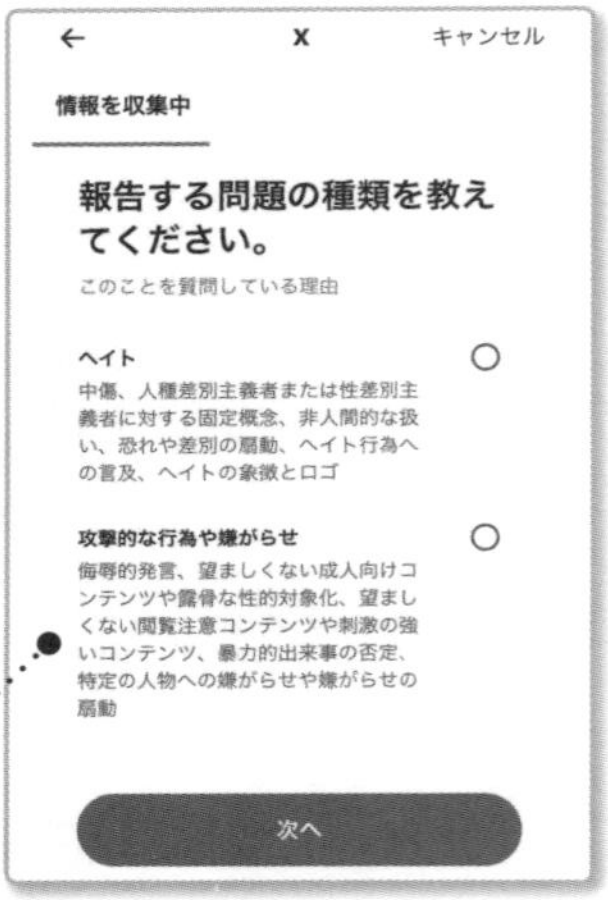

3 あてはまるものを選ぶ

ネット上の機能を使って削除しよう

もっとも手軽な削除方法は、サイト運営者に直接依頼する方法です。多くのサイトには通報機能や問い合わせフォームがあるので、それを使って連絡をとります。

ただし「虚偽に基づく」「権利侵害」など明確な削除理由がなければ、必ずしも削除されるとは限りません。投稿した本人に直接ＤＭを送るのは避けたほうが無難です。ＤＭがさらされ、それをネタに再び炎上する可能性があるからです。

問い合わせフォームから削除を依頼する

株式会社〇〇〇
ホーム　会社情報　採用情報　お知らせ
お問い合わせ

サイトにある問い合わせフォームから削除を依頼する。専用のフォームがあれば、そこから依頼しよう。

伝える内容

- 社名、担当者名
- 連絡先
- 削除したいページのURL
- 削除したいページの内容
- 削除したい理由

左の内容は必ず伝える。削除したいページのURLは、サイトのトップページのURLではなく、該当ページの個別のURLを記載するように注意する。削除の理由を記載するときは、具体的な被害や権利が侵害されていることを伝えよう。

＼削除するためのポイント／

脅したりせずにお願いする

「削除しないと訴える」「損害賠償を請求する」など、脅すような言い回しは避ける。一般的に、まとめサイト以外はサイト運営者と投稿者は異なる人物なので、サイト運営者に対してはお願いする立場で接するようにしよう。

理由を明確に伝える

削除は任意なので、できるだけ削除してもらえるよう、理由を明確にする。被害や権利侵害の状況を具体的に説明しよう。削除したい投稿に企業名が明記されていない場合は、自社のことだと推察できる理由も伝える。

どちらの方法も削除するかどうかはSNS・サイト運営者が判断します

情報の削除③

〝送信防止措置依頼〟で削除を依頼する

送信防止措置依頼とは

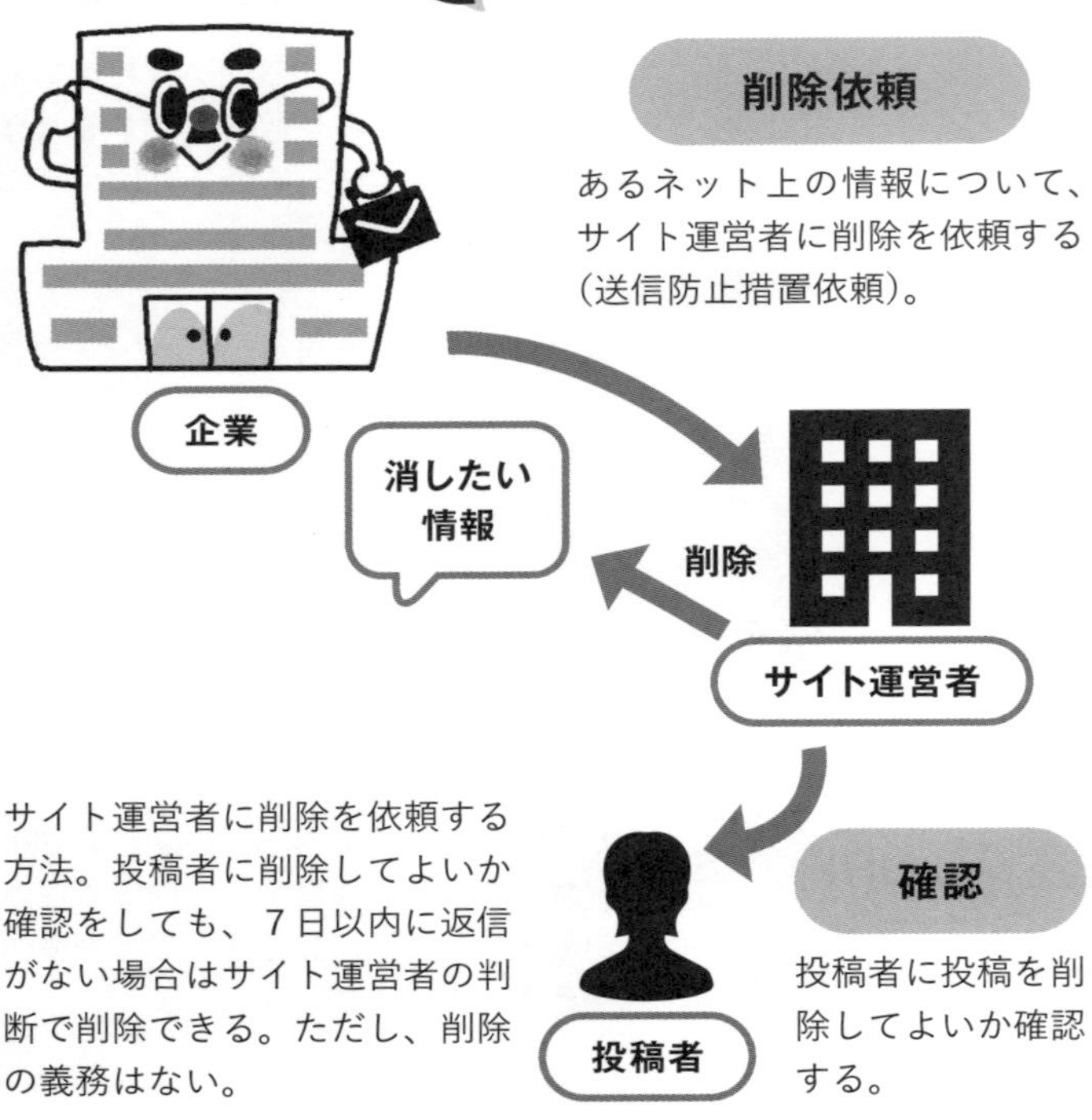
削除依頼
あるネット上の情報について、サイト運営者に削除を依頼する（送信防止措置依頼）。
企業
消したい情報
削除
サイト運営者
確認
投稿者に投稿を削除してよいか確認する。
投稿者
サイト運営者に削除を依頼する方法。投稿者に削除してよいか確認をしても、7日以内に返信がない場合はサイト運営者の判断で削除できる。ただし、削除の義務はない。

削除の手続きを定める〝プロバイダ責任制限法〟

「プロバイダ責任制限法」はプロバイダの損害賠償責任の制限と発信者情報開示請求などについてのルールや手続きを定めた法律です。

削除依頼は、「送信防止措置依頼書」をサイト運営者（プロバイダ）に送ります。運営者側は投稿者に削除の可否を照会し、7日以内に反論がなければ書き込みを削除できます。

ただし、運営者は削除しなければいけないわけではないため、必ずしも削除できるとは限りません。

送信防止措置依頼の方法

専用のサイトを使うと、依頼先のサイトの管理者を調べることができる。そこに書類を送って依頼する。

例 **aguse.*** サイトの情報を調べることができる専用サイトのひとつ。パソコンでもスマホでも無料で利用できる。

❶ サイトを開いて調べたいURLを入力する

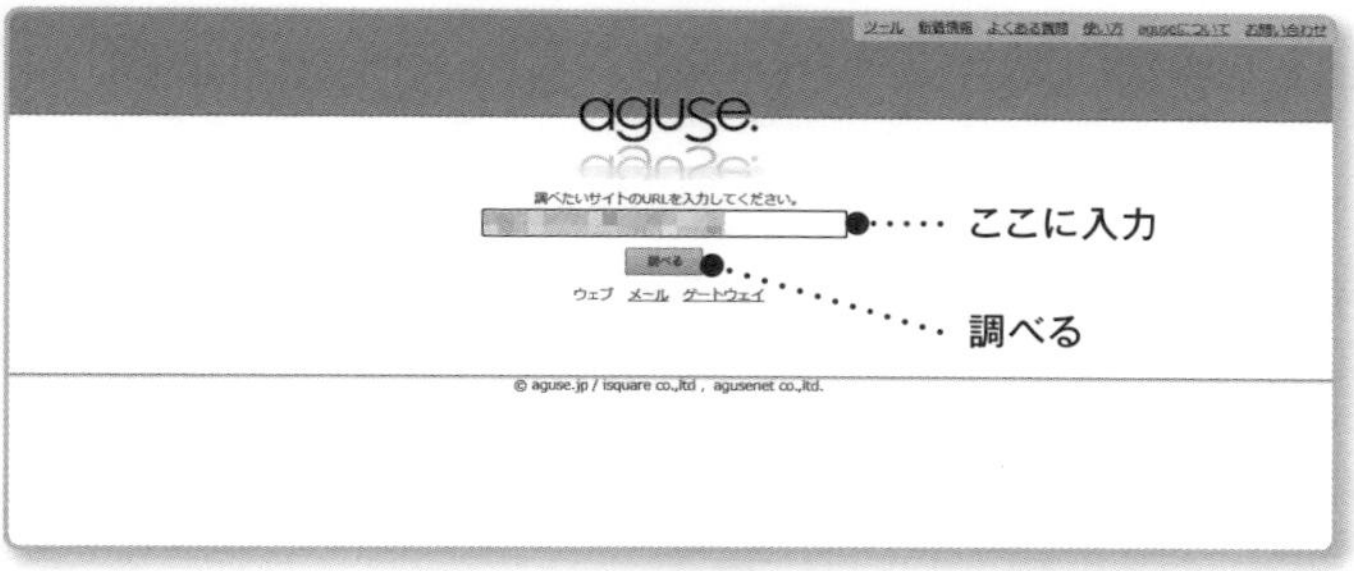

検索エンジンで「aguse」と検索してページを開く。削除したい情報が載っているサイトのURLを入力する。

❷ 管理者情報を見つける

スクロールすると……

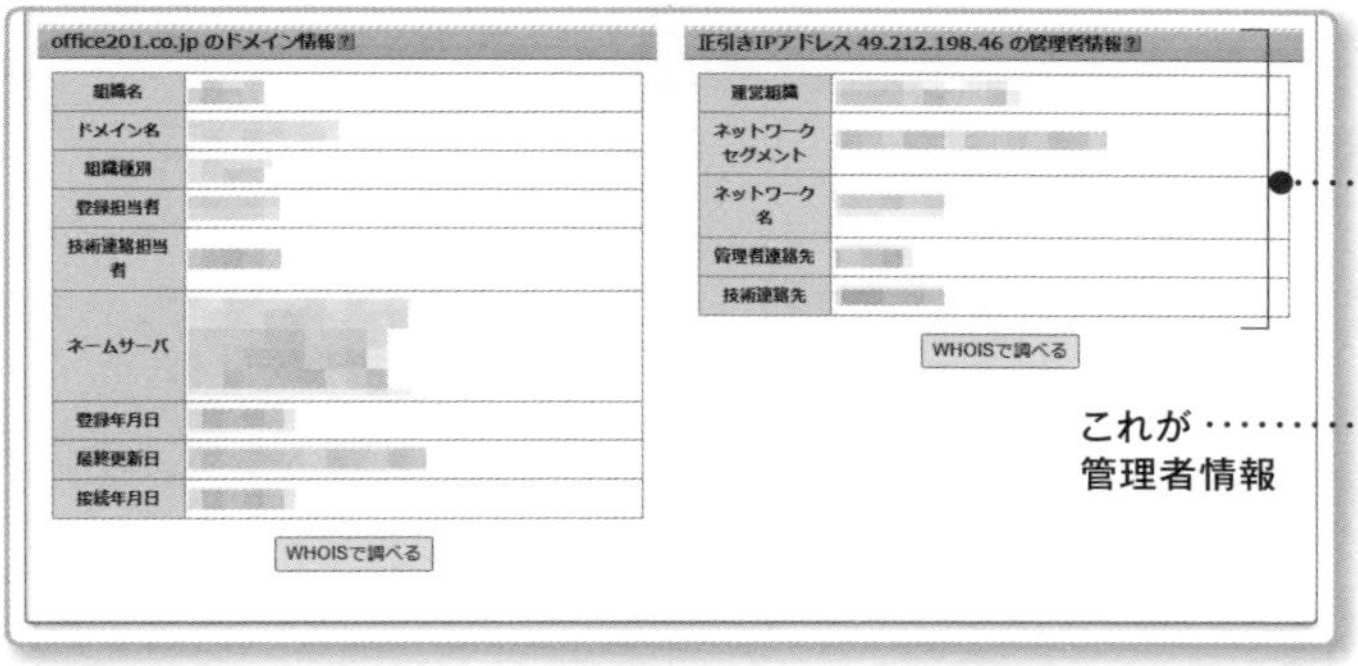

調べた結果から「正引きIPアドレスの管理者情報」を探す。ここに載っているのがサイトの管理者情報。もし情報が載っていない場合は、❸へ進む。

（次ページへ続く）

＊ https://www.aguse.jp

❸ WHOISを調べる

＼ ❷の画面 ／

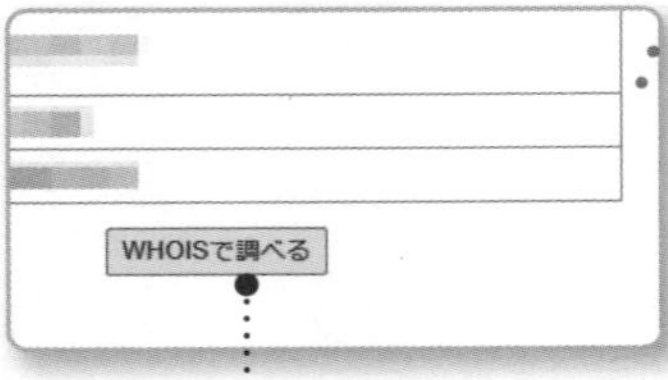

ここをクリック

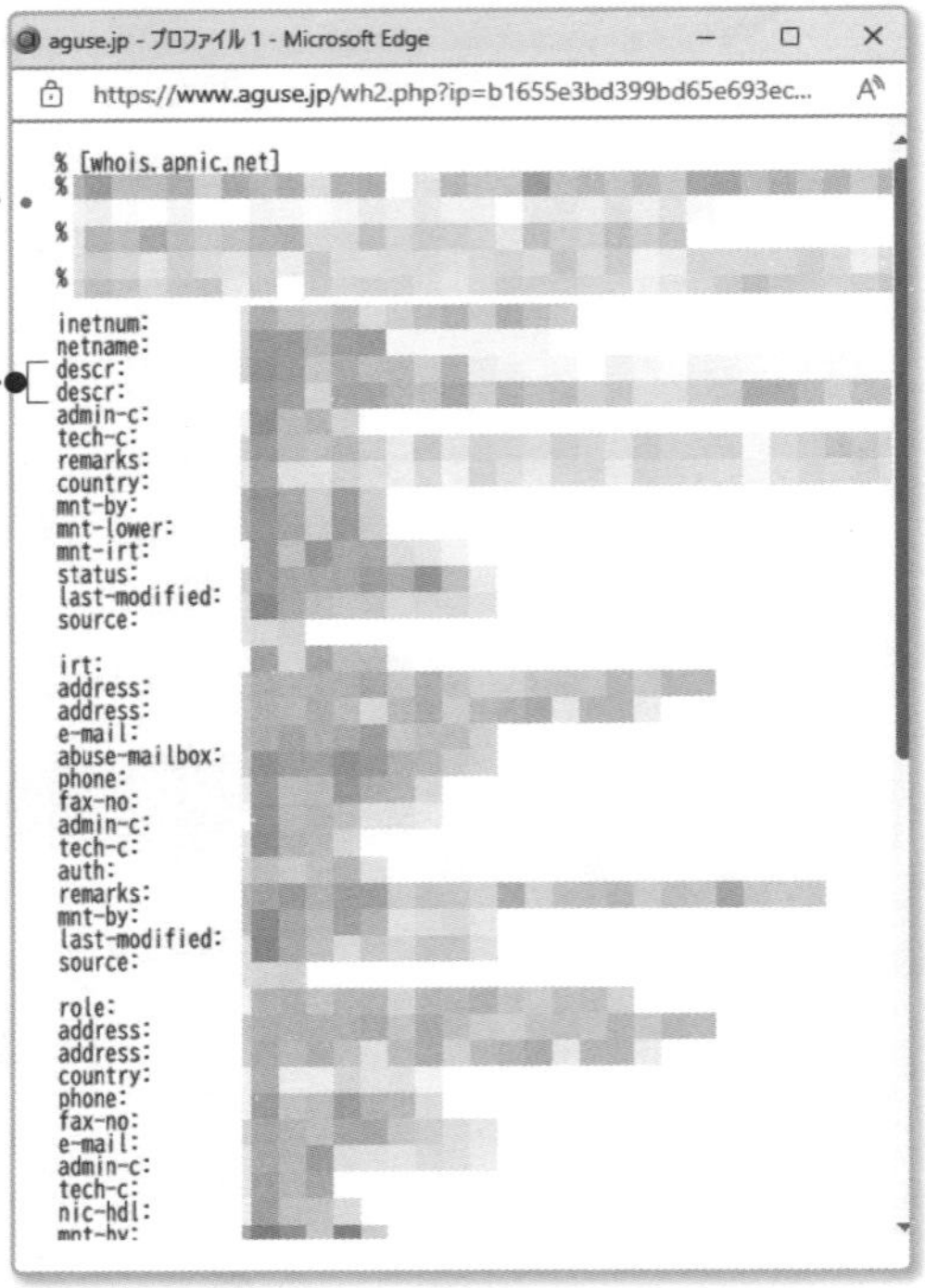

「descr」を確認

❷で調べた「aguse.」の「正引きIPアドレスの管理者情報」の下にあるボタンから調べる。「descr」の欄から管理する企業名と住所がわかる。

❹ 3つの書類を準備して送る

送信防止措置依頼をするには、下の3つの書類が必要。基本的に郵送するが、サイトによっては、専用のフォームがある場合も。

①送信防止措置依頼書

ネット上にひな形が公開されているので、ダウンロードして記入する。書き方は左ページを参考にしよう。

②本人確認書類

削除を依頼できるのは権利侵害を受けた本人のみ。本人であることを示すため身分証が必要。法人の場合は印鑑証明書（発行から3か月以内）。

③削除したいページを印刷したもの

削除したいページをすべて印刷する。印刷するときは、そのページのURLがわかるようにする。

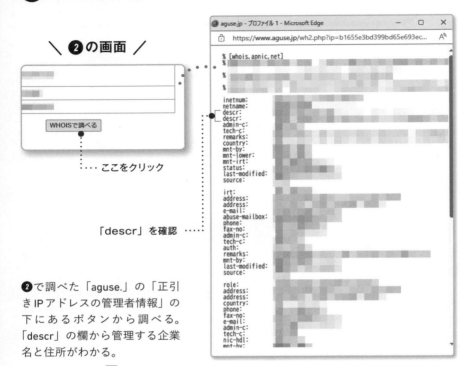

送信防止措置依頼書の書き方

調べた
送付先の名称

自社の情報と
実印

年　月　日

御中

[権利を侵害されたと主張する者]
住所
氏名　（記名）　　　　　　印
連絡先（電話番号）
（e-mail ｱﾄﾞﾚｽ）

侵害情報の通知書　兼　送信防止措置依頼書

あなたが管理する特定電気通信設備に掲載されている下記の情報の流通により私の権利が侵害されたので、あなたに対し当該情報の送信を防止する措置を講じるよう依頼します。

記

掲載されている場所		ＵＲＬ：
掲載されている情報		
侵害情報等	侵害されたとする権利	
侵害情報等	権利が侵害されたとする理由（被害の状況など）	

上記太枠内に記載された内容は、事実に相違なく、あなたから発信者にそのまま通知されることになることに同意いたします。

	発信者へ氏名を開示して差し支えない場合は、左欄に○を記入してください。○印のない場合、氏名開示には同意していないものとします。

**削除したい
ページの情報**

削除したいページのURLや掲載されているサイトの名前、掲載された日付など、特定に必要な情報を書く。

掲載されている
内容をコピー
するか要約する

侵害された権利
を書く
（⇒*P106*）

侵害された
という理由や
被害状況を
書く

自社の情報を投稿者に
開示する場合は○印をつける

※出典：法務省ホームページ（https://www.moj.go.jp）

情報の削除④

削除されないときは裁判所を利用する

これでほとんどの運営サイトが削除してくれます

弁護士に頼んで〝削除請求〟をする

「送信防止措置依頼」を行っても削除に応じてもらえない場合、裁判所に削除請求を申し立てる方法もあります。裁判では権利侵害などを明確に説明することが求められるので、できれば弁護士に依頼して申立書を作成してもらいます。

ただし、通常の裁判では数か月から1年以上かかるので、より迅速な「仮処分」の申し立てをします。

仮処分とは、裁判所が「とりあえず請求は確からしい」と判断すればそれに基づき暫定措置が行われるというものです。早ければ1か月ほどで決定が発令されます。

仮処分の申し立ては、送信防止措置依頼手続の前に行ってもかまいません。仮処分の決定が出れば、多くの運営者は削除に応じてくれます。

請求が間違っていたときの賠償金の前提として、裁判所が定めた担保金を供託する必要があります。「仮」の処分とはいえ、一度削除されたものが復活させられることはほとんどないので安心してください。ただし、新たに書き込まれることを防ぐことはできません。

裁判所から削除を命令する

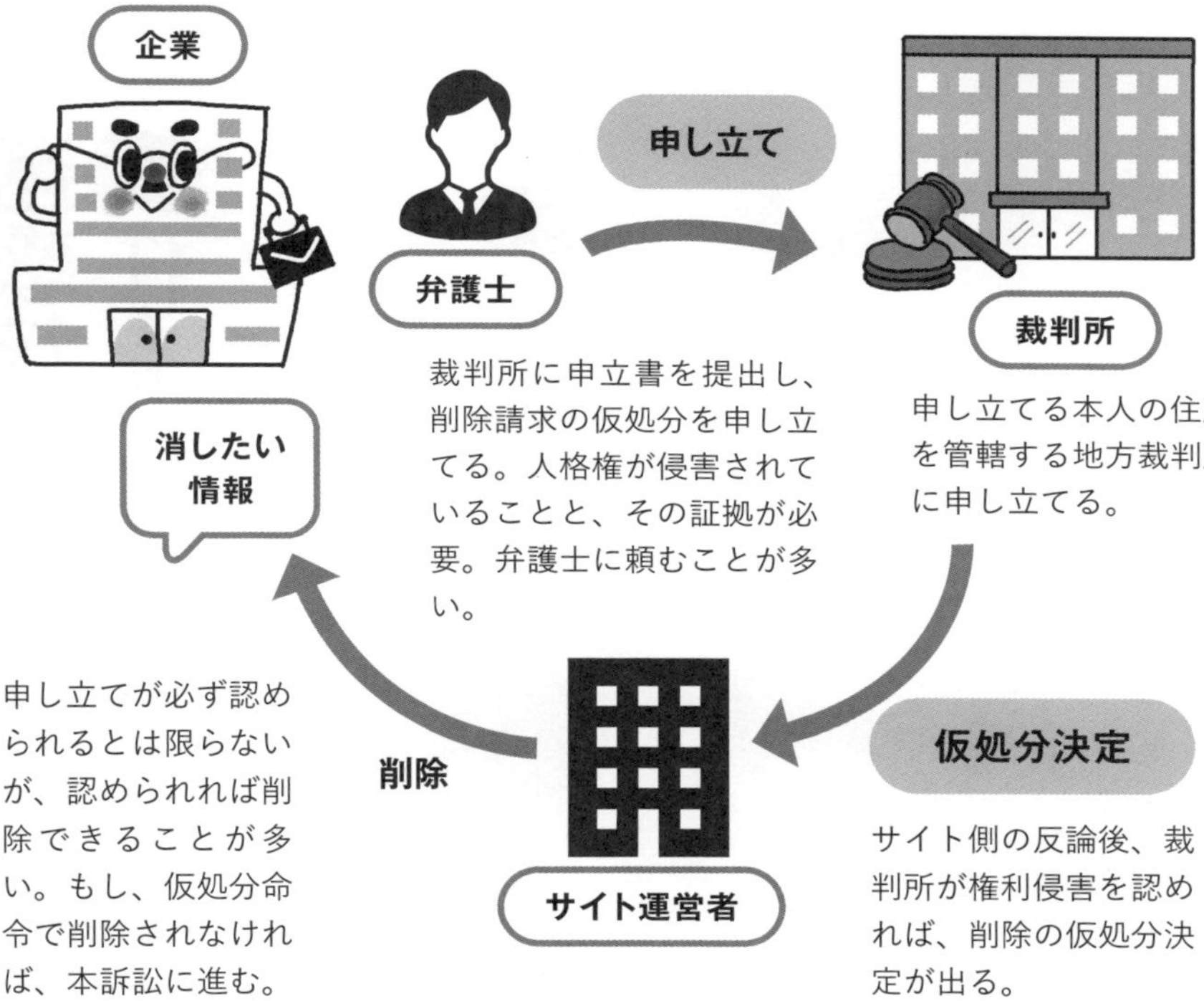
企業
消したい
情報
弁護士
申し立て
裁判所
裁判所に申立書を提出し、削除請求の仮処分を申し立てる。人格権が侵害されていることと、その証拠が必要。弁護士に頼むことが多い。
申し立てる本人の住所を管轄する地方裁判所に申し立てる。
仮処分決定
サイト側の反論後、裁判所が権利侵害を認めれば、削除の仮処分決定が出る。
サイト運営者
削除
申し立てが必ず認められるとは限らないが、認められれば削除できることが多い。もし、仮処分命令で削除されなければ、本訴訟に進む。

〈 メリット 〉

○ 早いと1か月で削除できる

サイト運営者は仮処分命令によって削除してくれるので、本訴訟をしないケースが多い。仮処分は裁判所の手続きも早く済むため、申し立てから１か月から２か月ほどで削除される。

〈デメリット 〉

△ 費用・担保金がかかる

弁護士への依頼や手続きに費用がかかる。仮処分が不当でサイト運営者に被害があったときのための担保金もかかる。金額は削除する量などによって裁判所が決定し、削除後に手続きすれば戻ってくる。

責任を追及する①

迷惑行為やウソがあれば責任をとってもらうことも考える

被害が大きい場合に検討しよう

　悪質な投稿で甚大な被害を受けた場合、相手に責任を追及することも検討しましょう。投稿者がわからない場合は、先に「発信者情報開示請求（⇒P118）」で、相手を特定します。

　被った損害について賠償を求めるには損害賠償請求を行います。名誉毀《き》損《そん》や権利侵害、業務妨害などが認められる場合は刑事告訴も行うことができます。

　損害賠償請求と刑事告訴の２つを同時に進めることも可能です。

責任追及には2つある

発信者を特定

訴える相手がわからない場合は先に特定する。もし、特定した相手が従業員だった場合は、下の２つのほかに懲戒処分（⇒*P100*）も検討できる。

民事 → **1 損害賠償請求**

民法に基づいて被害額を請求する。裁判で請求する方法とそうでない方法がある。

刑事 → **2 刑事告訴**

刑法に基づいて罪を償ってもらうよう告訴する。起訴されないこともあるが、一定の効果がある。

訴訟のメリット・デメリット

○
- **決着がつく**
- **法的に責任を追及できる**
- **抑止力になる**

トラブルに決着がつけば、自社の正当な権利や利益を守ることができる。また、ネットトラブルに対する自社のスタンスを示すことができ、似たようなトラブルを防ぐ効果もある。

△
- **時間がかかる**
- **お金がかかる**
- **トラブルが大きくなる**

訴訟は早くても半年、上訴の回数によっては2年ほどかかることも。また、弁護士費用や手続きの費用がかかる。訴訟提起をしたこと自体や判決などが報道されれば、ネット上に記録も残る。

知っておきたい

裁判をしないほうが好感度が上がる!?

イベントのチケットを購入したところ、勝手にチケット会社にキャンセルされたとSNSに投稿があり、批判が殺到。会社は投稿内容をもとに調査し、入金されていなかったことを発表した。投稿はウソだったが、対応が終始丁寧で投稿者を責めることはなく、法的措置もとらなかったため会社側を支持する声が上がった。

トラブルの大きさに見合う対応をしましょう

責任を追及する②

ネット上の相手を特定する“発信者情報開示請求”

半年ほどで相手を特定できる

発信者情報開示請求は、プロバイダ責任制限法に定められた手続きです。ネット投稿は匿名が多く責任追及が困難なので、権利侵害があったときに発信者の情報開示ができるというルールになっています。

権利侵害が明白でない、通信記録（ログ）がないといった理由で開示が認められない場合もあります。しかし、通信記録があれば発信者に開示可否に関する意見照会が行われるので一定のけん制効果があります。

開示するには4つの条件が必要

1 特定電気通信である

ネット上で不特定多数の人が見ることのできる情報であること。特定の相手にのみ送るダイレクトメールなどは含まれない。

2 権利侵害が明らか

「明らか」とは、違法性がないとされる事情（違法性阻却事由）がないことを指す。権利侵害が一見して明白であるという意味ではない。

3 正当な理由がある

謝罪や損害賠償請求、刑事告訴など、情報を開示する理由が正当であること。当然、いやがらせ目的などは認められない。

4 通信記録（ログ）が残っている

情報の開示には、投稿の通信記録が必要。通信記録は、それを持つ事業者が独自に期間を決めて保存する。一般的には3か月間ほど保存される。

特定できるしくみ

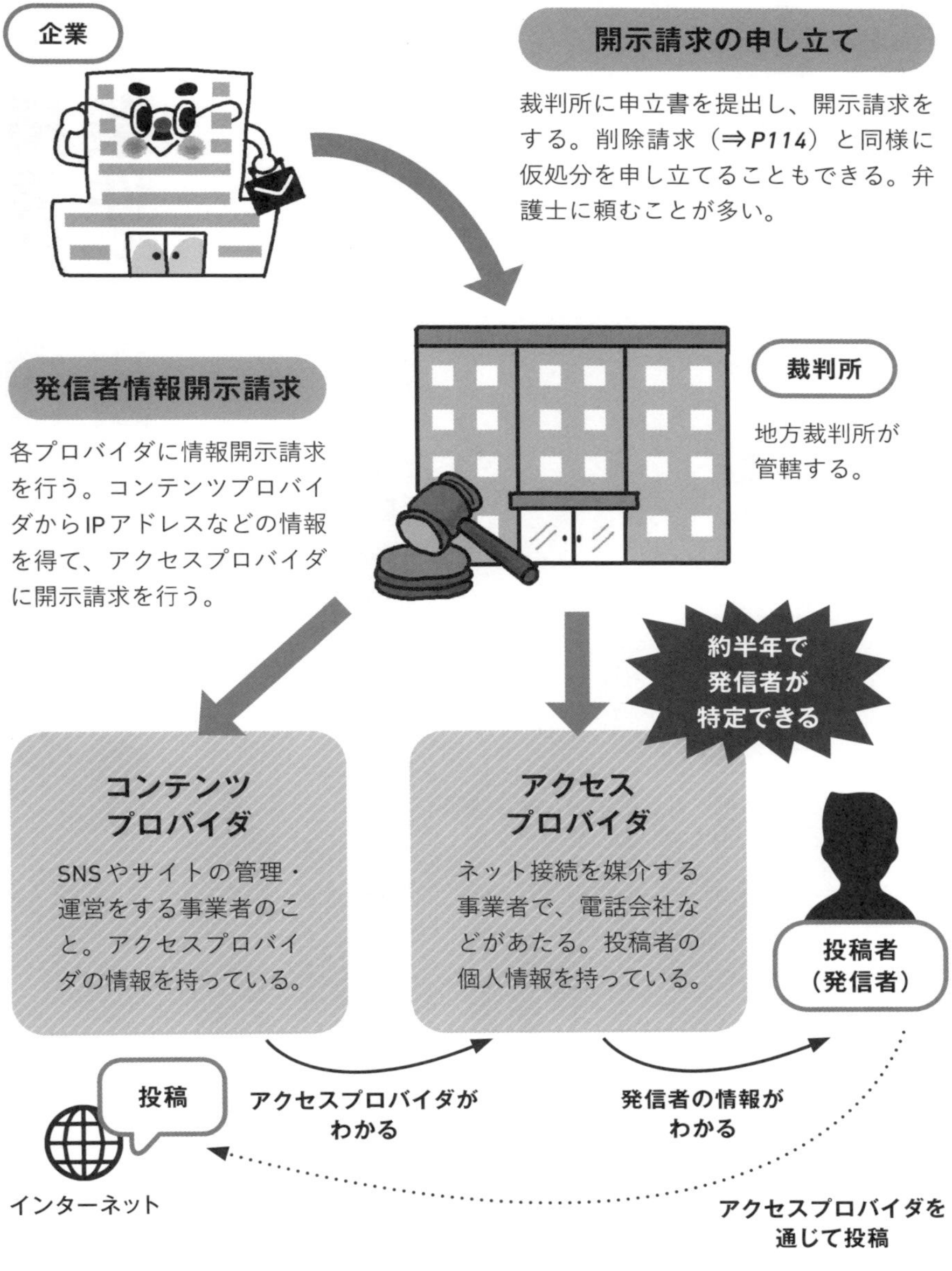
企業
開示請求の申し立て
裁判所に申立書を提出し、開示請求をする。削除請求（⇒P114）と同様に仮処分を申し立てることもできる。弁護士に頼むことが多い。
裁判所
地方裁判所が管轄する。
発信者情報開示請求
各プロバイダに情報開示請求を行う。コンテンツプロバイダからIPアドレスなどの情報を得て、アクセスプロバイダに開示請求を行う。
約半年で発信者が特定できる
コンテンツプロバイダ
SNSやサイトの管理・運営をする事業者のこと。アクセスプロバイダの情報を持っている。
アクセスプロバイダ
ネット接続を媒介する事業者で、電話会社などがあたる。投稿者の個人情報を持っている。
投稿者（発信者）
投稿
インターネット
アクセスプロバイダがわかる
発信者の情報がわかる
アクセスプロバイダを通じて投稿

責任を追及する③

損害賠償は請求できる条件と範囲に注意しよう

請求できる条件

☑ 違法性がある

- 不法行為（権利侵害）
- 契約違反（従業員のみ）

権利侵害などの不法行為や労働契約違反などの契約違反があり、違法性阻却事由がない場合に請求できる。

☑ 被害との因果関係がある

相手方による違法行為と被害に直接的な関係があるかどうか。

☑ 相手に故意・過失がある

相手が違法行為をした理由、原因に故意（わざと）か過失（不注意）があるかどうか。どちらもない場合は責任がなくなる。

☑ 相手に責任能力がある

一般的に12歳未満や重度の精神障害などがある場合は責任能力がなく損害賠償を請求できない。12歳未満は保護者に請求する。

請求に応じない場合は民事裁判へ

損害賠償請求は裁判手続でなくとも口頭で行うことができます。ただ、請求が明確になるよう、内容証明郵便を使うことが多いです。話し合いで解決しないときは、裁判を起こすことになります。内容証明郵便を送らずに、いきなり裁判を行うことも可能です。

従業員が企業に損害を与えた場合、違法性や契約違反、故意などが認められれば損害賠償請求できますが、一定の制限がつけられています。

損害として認められる範囲

通常生ずべき、相当な金額のみ

請求できるのは、違法な行為によって「通常生ずべき」と考えられる「相当」な金額の範囲内。行為との因果関係によって、請求できる範囲は決まる。

例 被害 回転ずしの卓上の醤油ボトルをなめた

○ 認められやすい費用

- 無形損害（≒慰謝料）
- 店舗内の醤油ボトルの交換費用
- 交換のための当該店舗の休業費用
- 発信者の特定費用

請求できるのは直接的な被害分と手続費用。

✖ 認められにくい費用

- ほかの店舗分の醤油ボトルの交換費用
- 炎上後に下がった時価総額
- 来客減少による売上の低下分

間接的な被害分の請求は認められにくい。

知っておきたい

従業員への請求は制限される

従業員の不適切な投稿が原因で企業に被害があった場合は損害賠償を請求できるが、要件が厳しくなる。就業中の単なるミスは業務の内、ととらえられるので、通常考えられないような重大な過失がある場合にしか認められない。また、請求額は企業と従業員とで公平に分担することになり、その範囲で信義則上相当と認められる金額に限られる。

責任を追及する④

刑事告訴は裁判にならなくても効果がある

起訴まで1年ほどかかる

1 告訴状をつくる

告訴する相手の情報や権利侵害の状況、告訴する罪を記載した告訴状を作成する。弁護士に頼んでもよい。

2 警察へ届ける

告訴状と権利侵害の証拠を、自社の所在地の警察署に届ける。電話などで事前にアポイントをとるとよい。

3か月～1年ほど

3 受理し、捜査する

告訴状が受理されれば、警察が捜査する。殺人予告など命の危険がある場合は相手を逮捕することもあるが、多くは在宅での取調べ。

2～3か月ほど

4 検察が判断

警察の捜査で告訴状の裏づけがとれれば、検察に事件が送られる。事件内容の確認と追加捜査の後、起訴するかどうか検察が判断する。

起訴する場合

刑事裁判へ

起訴されれば刑事裁判へ進む。最終的な判決は裁判官が下すが、起訴されれば有罪になることがほとんど。

起訴しない場合

不起訴処分

明らかに犯人でない場合や嫌疑が不十分だったり、途中で示談になったりで不起訴になることも。前科はつかないが、前歴としては記録される。

しばしば問題になる6つの罪

業務妨害罪

営業に何らかの支障があるときに検討する。3年以下の懲役または50万円以下の罰金になる。

信用毀《き》損《そん》罪

企業の経済能力や商品・サービスへの信用が低下したとき。3年以下の懲役または50万円以下の罰金になる。

名誉毀損罪

ウソの拡散などで社会的評価が低下したとき。3年以下の懲役もしくは禁錮または50万円以下の罰金になる。

侮辱罪

事実関係の指摘なく社会的評価を下げたとき。1年以下の懲役もしくは禁錮もしくは30万円以下の罰金または拘留もしくは科料*。

器物損壊罪

物を破壊したり、使用不可にしたりした場合。3年以下の懲役または30万円以下の罰金もしくは科料になる。

著作権法違反

著作権の侵害（⇒P66）があったとき。10年以下の懲役もしくは1000万円以下の罰金またはこの両方になる。

ほとんどの場合は不起訴になる

刑事告訴は発信者を特定し、告訴状を警察に提出します。手続きには数か月から1年ほどかかり、前科や前歴がなければよほど悪質な行為でない限り多くの場合、不起訴になります。手間と時間がかかる割に懲罰的意味合いは少ないように思えます。

けれども、不起訴後に同様のことをすれば、次は起訴される可能性が高まります。反省するかどうかは相手次第ですが、刑事告訴に、少なくとも抑止力の効果はあるはずです。

＊1000円以上1万円未満の罰金刑のこと。

再発を防ぐ

トラブルの原因を突き止めて再発を防ぐ

トラブルの根本的な原因を探ろう

トラブルが生じたら、原因を分析して体制を点検・強化しましょう。たとえば、炎上の原因が従業員のネットリテラシー不足なら、ネット教育や社内でのトラブル共有を徹底します。初期対応の失敗なら、マニュアルの見直しやガイドラインの作成、監視体制の強化も考えます。

　小さなトラブルを見過ごさず地道にノウハウを蓄積していくことが、企業の危機管理能力の向上につながります。

3つのポイントを徹底しよう

1　制度・ルールの見直し

トラブルは、これまでの制度やルールに何かしら不十分なところがあって起こることが多い。原因がある前提で見直して、見逃さないようにしよう。

＼ 必ず見直そう ／

- 就業規則（⇒P38）
- ネット利用のガイドライン（⇒P54）
- トラブル時の対応マニュアル（⇒P84）

2 従業員の教育

起こったトラブルについて、その原因や経緯、その後の対応を説明して、同様のことが起こらないようにする。制度やルールを見直して変更があった場合だけでなく、なかった場合でも改めて内容を周知する。

＼ ポイント ／

- ルールの周知
- 炎上の原因と経緯、対応の説明

火の用心
火の用心

3 監視システムの強化

ネットトラブルにいち早く対応するためには、常時監視システムが欠かせない（⇒***P80***）。監視が十分だったか振り返り、監視する頻度や内容を検討しよう。もし、自社で対応しきれないようであれば専門の業者に委託することもできる。

知っておきたい

炎上対策専門のサービスもある

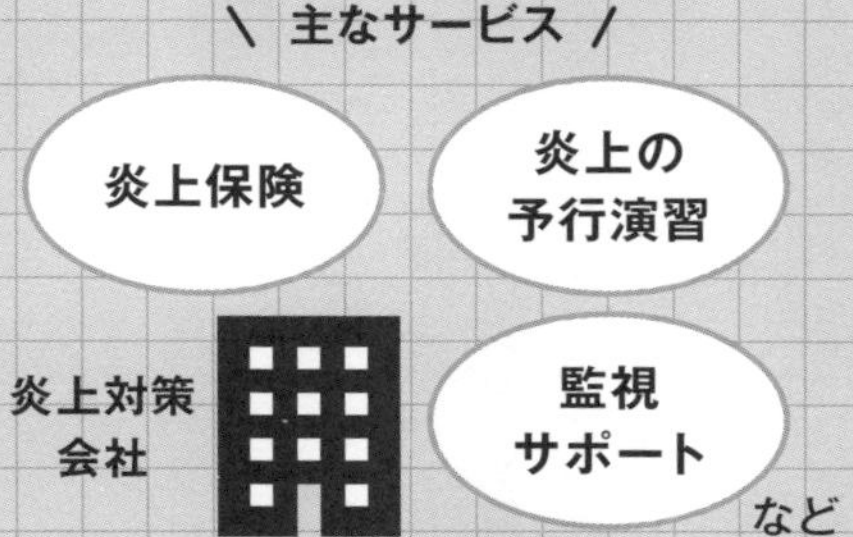
＼ 主なサービス ／
炎上保険
炎上の
予行演習
炎上対策
会社
監視
サポート
など

企業の炎上を防いだり、炎上したときのサポートをしたりする業者がある。監視システムや従業員教育を委託している企業は多い。なかには、炎上したときの対応を予行演習できるサービスも。必要に応じて利用を検討してみよう。

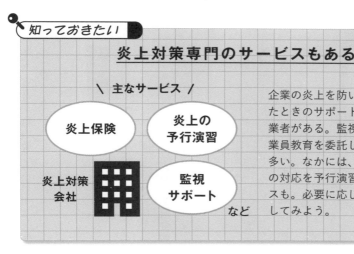

役立つ！

ネット・法律用語集

あ

アカウント…アプリやサイトを利用するときに個人を識別するための情報。

SNS…ソーシャル・ネットワーキング・サービスの略。ネット上で利用者同士が交流できるサービスのこと。

か

過失…損害が発生すると予想し、それを回避できたのに避けなかったこと。

仮処分…民事裁判において、訴訟前もしくは手続き中に申し立てることで、迅速に仮の権利関係を示す措置のこと。

起訴…検察が裁判所に刑事裁判を求めること。

刑事告訴…被害者やその弁護士が加害者の処罰を求める意思表示。

景品表示法…「不当景品類及び不当表示防止法」のことで、消費者が自主的・合理的に商品やサービスを選べるよう、その品質、内容、価格等の表示を規制する法律。

故意…自分の行いが他人に損害を与えると知りながらすること。

さ

就業規則…労働基準法が定める最低基準を下回らない範囲で、労働条件を定めるもの。常時10人以上の従業員を使用する使用者は、作成や周知の義務がある。

上訴…裁判の結果に不服なとき上級の裁判所に再度裁判を申し立てること。一審から二審への上訴を「控訴」、二審から三審への上訴を「上告」という。

ステルスマーケティング…広告であることを隠して広告すること(⇒P74)。

遡及《そきゅう》適用…法律を、制定される前の出来事に適用すること。遡及適用は基本的に認められていない。

損害賠償…民法に基づいて、経済的・身体的・精神的な損害を金銭で賠償してもらうこと。

た

知的財産権…写真やイラスト、音楽など知的な創造活動の成果を、一定期間独占して使用できる権利（⇒P66）。

通信記録（ログ）…SNSの投稿やメールなど電気通信の情報のうち、通信日時や通信元など、内容以外の情報のこと。

は

不正競争防止法…事業者間の公正な競争などを守る法律。営業秘密侵害などの不正競争行為とその損害賠償について定める。

プロバイダ…ネットをつなぐ事業者のこと。サイトなどを提供するコンテンツプロバイダと、ネット回線を提供するアクセスプロバイダ（インターネットサービスプロバイダ［ISP］）がある（⇒P119）。

プロバイダ責任制限法…「特定電気通信役務提供者の損害賠償責任の制限及び発信者情報の開示に関する法律」のこと。ネット上で権利侵害があった場合に、プロバイダやサーバーの運営者などの損害賠償責任の制限や発信者情報の開示を請求する権利を定める。2025年5月17日までに正式名称の変更とともに略称も変更され、「情報流通プラットフォーム対処法」になる。

ら

労働基準法…労働条件に関する最低基準や就業規則の作成などについて定める。

参考資料

- 清水陽平著『企業を守る ネット炎上対応の実務』（学陽書房）
- 清水陽平ほか著『最新事例でみる　発信者情報開示の可否判断』（新日本法規出版）
- 清水陽平著『サイト別 ネット中傷・炎上対応マニュアル（第４版）』（弘文堂）
- 小畑史子ほか著『労働法（第４版）』（有斐閣）
- 広瀬安彦著『図解即戦力SNS担当者の実務と知識がこれ1冊でしっかりわかる教科書』（技術評論社）
- 三坂和也、井髙将斗著『著作権のツボとコツがゼッタイにわかる本』（秀和システム）
- 吉野ヒロ子著『炎上する社会―企業広報、SNS公式アカウント運営者が知っておきたいネットリンチの構造』（弘文堂）
- 厚生労働省「モデル就業規則 令和５年７月版」
- iの視点 ウェブサイト（https://www.siemple.co.jp/isiten/）
- 消費者庁ウェブサイト（https://www.caa.go.jp）
- 特許庁ホームページ（https://www.jpo.go.jp）
- 文化庁ホームページ（https://www.bunka.go.jp）
- 法務省ホームページ（https://www.moj.go.jp）

清水陽平（しみず　ようへい）

法律事務所アルシエン弁護士。2004年早稲田大学法学部卒業、2007年弁護士登録（60期）。2010年に法律事務所アルシエンを開設。

ネット炎上への対応や誹謗中傷の削除、発信者情報開示請求、損害賠償請求、刑事告訴などを中心に、企業・個人の事案を取り扱う。総務省の「発信者情報開示の在り方に関する研究会」や「誹謗中傷等の違法・有害情報への対策に関するワーキンググループ」の構成員を務めた。メディアにも多数出演し、さまざまな角度からネットトラブルの予防や解決に尽力している。

著書に『企業を守る ネット炎上対応の実務』（学陽書房）や『サイト別 ネット中傷・炎上対応マニュアル（第４版）』（弘文堂）などがある。

装幀　石川直美（カメガイ デザイン オフィス）
装画・本文イラスト　植木美江
本文デザイン　伊藤 悠
校正　渡邉郁夫
編集協力　オフィス201（橋本湖虹）、浅田牧子

知識ゼロからのSNS・ネットトラブル対策
弁護士が教える炎上解決法

2025年 1 月20日　第1刷発行

監　修　清水陽平
発行人　見城 徹
編集人　福島広司
編集者　鈴木恵美

発行所　株式会社 幻冬舎
〒151-0051　東京都渋谷区千駄ヶ谷 4-9-7
電話　03-5411-6211（編集）　03-5411-6222（営業）
公式HP：https://www.gentosha.co.jp/
印刷・製本所　近代美術株式会社

検印廃止

ISBN978-4-344-90362-3　C2034
この本に関するご意見・ご感想は、下記アンケートフォームからお寄せください。
https://www.gentosha.co.jp/e/